TRAITÉ

DES

PREMIERS ÉLÉMENTS

D'ARCHITECTURE,

A L'USAGE

DES OUVRIERS EN BATIMENTS

ET

DE TOUS CEUX QUI SE DESTINENT A L'ART DE CONSTRUIRE;

PAR M. DEMONT.

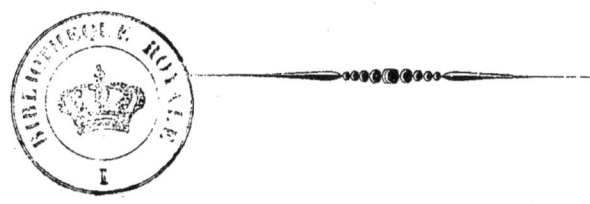

A PARIS,

CHEZ MADAME VEUVE JEAN, EDITEUR,

RUE SAINT-JEAN-DE-BEAUVAIS, N° 10.

1840.

IMPRIMERIE DE BOURGOGNE ET MARTINET,
RUE JACOB, 30.

TRAITÉ
DES ÉLÉMENTS D'ARCHITECTURE.

BUT DE L'ARCHITECTURE.

Son origine.

L'Architecture a pour but la composition et l'exécution de tous les édifices publics et particuliers. C'est à la nécessité seule qu'elle doit naissance, c'est-à-dire que les premiers hommes, pressés par le besoin de se mettre à l'abri de toutes les intempéries des saisons, inventèrent progressivement les moyens de s'y soustraire, et perfectionnèrent de plus en plus ces mêmes moyens. Voilà, je crois, l'idée la plus exacte que l'on puisse avoir sur l'origine de cet art, que les hommes astreignirent enfin à certaines règles que nous nous proposons de développer, dans ce petit ouvrage, avec le plus de méthode et de clarté qu'il nous sera possible.

NOTIONS PRÉLIMINAIRES.

EXPLICATION DE CERTAINES FIGURES GÉOMÉTRIQUES EMPLOYÉES DANS LE DESSIN DE L'ARCHITECTURE.

Lignes.

PLANCHE I. — La ligne est une longueur sans largeur.

La ligne droite est le plus court chemin d'un point à un autre. Ainsi (fig. 1re), le plus court chemin du point A au point B, est la droite AB.

On appelle ligne brisée (fig. 2) toute ligne ABCDEF, composée de lignes droites AB, BC, CD, DE, EF.

Ligne courbe (fig. 3), toute ligne ABC, qui n'est ni droite ni composée de lignes droites.

Il n'y a donc, proprement dit, que deux espèces de lignes : ligne droite, ligne courbe.

Angles.

On appelle angle (fig. 4) l'inclinaison plus ou moins grande de deux lignes droites AB, AC, qui se coupent en un point A. Le point A de rencontre en est le sommet. Les lignes AB, AC, en sont les côtés.

Lorsqu'une ligne droite CD (fig. 5) en rencontre une autre AB, de manière que les angles *e* et *f*, situés sur la même ligne AB, soient égaux, chacun de ces angles s'appelle angle droit, la ligne CD est dite perpendiculaire sur AB, et le point C, où CD rencontre AB, est le pied de la perpendiculaire CD.

Tout angle plus petit qu'un droit (fig. 6) est un angle aigu.

Tout angle plus grand qu'un droit (fig. 7) est un angle obtus.

Il y a donc trois espèces d'angles, savoir : angle droit, angle aigu, angle obtus.

Différente dénomination des lignes selon leur position.

On appelle lignes parallèles, deux lignes qui, placées dans la même direction, seront toujours également éloignées l'une de l'autre, à quelque distance qu'on les prolonge ; telles sont (fig. 8) les lignes AB et CD, EF et GH, MN et PQ.

Ligne horizontale, celle qui est parallèle à la surface de l'eau dormante (fig. 9), par exemple, à celle d'un bassin, d'un étang.

Ligne verticale (fig. 9), celle qui, au lieu d'être parallèle, est perpendiculaire à la surface de l'eau dormante ; ou mieux encore (fig. 9) celle qui est figurée par un fil tendu au moyen d'un plomb abandonné à son propre poids. Il ne faut pas confondre la ligne perpendiculaire avec la ligne verticale ; car une ligne peut être perpendiculaire sans être verticale. En effet, pour qu'une ligne soit perpendiculaire sur une autre, il suffit (sans avoir aucun égard à sa position) que cette ligne forme un angle droit avec cette autre ligne. Par exemple (fig. 5), la ligne AB est aussi bien perpendiculaire sur CD, que CD l'est sur AB, et cependant AB n'est pas une ligne verticale.

Ligne oblique (fig. 10), celle qui, par rapport à une autre ligne, forme avec cette dernière un angle plus petit ou plus grand qu'un droit.

Diagonale (fig. 11), la ligne qui joint les sommets de deux angles non situés sur la même droite.

Figures rectilignes.

On appelle figure rectiligne toute figure dont les contours sont terminés par des lignes droites.

La plus simple (fig. 12) est celle de trois côtés : elle s'appelle triangle ; telles sont les figures ABC, EGF.

Parmi les figures de quatre côtés, on distingue :

Le carré (fig. 13), qui a ses côtés égaux et ses angles droits.

Le rectangle (fig. 14), qui a les angles droits sans avoir les côtés égaux.

Le parallélogramme (fig. 15), qui a les côtés parallèles.

Le trapèze (fig. 16), dont deux côtés seulement sont parallèles.

Dans un triangle (fig. 12), la perpendiculaire abaissée du sommet d'un de ses angles sur un de ses côtés est la hauteur de ce triangle. Ainsi, la perpendiculaire abaissée du sommet de l'angle C sur le côté AB est la hauteur du triangle ABC, et AB en est la base.

Quelquefois la perpendiculaire tombe au-dehors du triangle sur sa base prolongée. Par exemple, dans le triangle EGF, le côté EG rentre trop pour que la perpendiculaire EH puisse tomber au dedans du triangle sur la base GF, si cette base n'était pas prolongée. Il en sera de même toutes les fois qu'un des angles situés sur la base sera obtus.

La hauteur de tout parallélogramme ABCD (fig. 15) est la perpendiculaire EF qui mesure la distance des deux côtés apposés AB, CD, pris pour bases.

La hauteur du carré, comme celle du triangle, est l'un de ses côtés pris à volonté. Par exemple (fig. 13), dans le carré ABCD, si on prend AD pour hauteur, AB ou bien DC en sera la base; la raison en est que, puisque tous les angles d'un carré ou d'un rectangle sont droits, les côtés de ces angles qui forment le rectangle ou le carré sont réciproquement perpendiculaires les uns aux autres, et que par conséquent on peut les prendre indifféremment pour hauteur.

Le trapèze (fig. 16) a pour hauteur la perpendiculaire GH menée entre ses deux côtés parallèles AC, BD, et par conséquent les côtés parallèles en sont les bases.

Il y a encore des figures rectilignes régulières (j'entends par régulières celles qui ont les côtés et les angles égaux) qui portent différents noms, savoir : celles de trois côtés, *triangle équilatéral;* de quatre, *carré;* de cinq, *pentagone;* de six, *hexagone;* de sept, *eptagone;* de huit, *octogone;* de neuf, *ennéagone;* de dix, *décagone,* etc.

Manière d'évaluer la superficie du triangle, carré, rectangle, parallélogramme et trapèze.

On entend par superficie ou surface l'étendue en longueur et largeur seulement, sans considérer la hauteur ou épaisseur; et par surface plane celle sur laquelle on peut appliquer une ligne droite dans tous les sens.

La superficie d'un triangle est égale à sa base multipliée par la moitié de sa hauteur, c'est-à-dire que si la base contient 6 unités quelconques, soit mètres ou toises, et la hauteur 4, eh bien! on multipliera 6 par la moitié de 4, ou 2 ; ce produit donnera 12, qui sera la superficie du triangle, ou mieux ce que le triangle contiendra de toises ou de mètres carrés.

Les superficies du carré, du rectangle et du parallélogramme sont égales à leur base multipliée par leur hauteur.

La superficie du trapèze est égale à sa hauteur multipliée par la demi-somme des bases parallèles.

Définition du cercle.

PLANCHE II. — La circonférence du cercle est une ligne courbe (fig. 17), dont tous les points sont également éloignés d'un point C intérieur appelé centre.

Le cercle est l'espace terminé par cette ligne courbe *.

Toute ligne comme AB (fig. 18) qui passe par le centre et qui est terminée de part et d'autre à la circonférence, s'appelle diamètre.

Toute ligne droite CE, CD, menée du centre à la circonférence, s'appelle rayon. Tous les rayons sont égaux et moitié du diamètre.

On appelle arc (fig. 18) une portion de circonférence, telle que FHG, et corde la ligne droite FG qui joint les deux extrémités de cet arc.

Sécante (fig. 19) est une ligne qui coupe la circonférence en deux points; telle est AB.

Tangente est une ligne qui n'a qu'un point M de commun avec la circonférence; telle est CD. Le point commun M s'appelle point de contact.

La superficie du cercle est égale à sa circonférence multipliée par la moitié du rayon.

Mais pour avoir cette superficie, il faut connaître le moyen d'obtenir la mesure d'une circonférence dont le diamètre est connu, ce à quoi on parviendra en multipliant le diamètre de cette circonférence par 22, et en divisant le produit par 7. Le résultat sera la mesure de la circonférence, que vous multiplierez par la moitié du demi-diamètre ou rayon pour avoir la superficie du cercle.

Ainsi, par exemple, si on demandait la superficie d'un cercle qui aurait 14 pour diamètre, on multiplierait 14 par 22; le produit 308, divisé par 7, donnerait 44, valeur de la circonférence; il ne resterait plus qu'à multiplier 44 par la moitié du rayon ou 3 $\frac{1}{2}$ **. Le résultat 154 serait la superficie du cercle.

PROBLÈMES.

Partager (fig. 20) une ligne droite A B en deux parties égales.

Des points A et B, avec une ouverture de compas plus grande que la moitié de AB, décrivez deux arcs qui se coupent en D ; des mêmes points A et B, avec la même ouverture de compas, décrivez deux arcs qui se coupent en E. Par les deux points D, E, tirez la droite DE, cette ligne coupera la ligne AB en deux parties égales au point C.

---

* Il ne faut pas confondre le cercle avec sa circonférence, car le cercle est une surface, tandis que sa circonférence n'est qu'une ligne courbe.

** Parce que le diamètre étant 14, le rayon sera 7, et la moitié du rayon 3 $\frac{1}{2}$.

Par un point A donné sur la ligne BC (fig. 21) , élever une perpendiculaire à cette ligne.

Prenez les points E , C, à égale distance de A ; ensuite, avec une ouverture de compas plus grande que AE, décrivez deux arcs qui se coupent en D, et tirez DA, qui sera la perpendiculaire demandée.

Sur l'extrémité A d'une ligne AB (fig. 22) , élever une perpendiculaire à cette ligne.

Du point A, avec une ouverture de compas à volonté, décrivez l'arc indéfini DE qui coupe AB en D. Du point D, avec la même ouverture de compas, décrivez un arc de cercle qui coupe l'arc DE en E, et par les points D, E, tirez la droite indéfinie DC. Ensuite, du point E, toujours avec la même ouverture de compas, décrivez un arc de cercle qui coupe la droite DC en C, et tirez CA , qui sera la perpendiculaire demandée.

D'un point A donné hors de la droite EF (fig. 22) , abaisser une perpendiculaire sur cette droite.

Du point A comme centre, et d'un rayon suffisamment grand, décrivez un arc qui coupe la ligne EF aux deux points B et D ; et de ces deux points, avec une ouverture de compas plus grande que la moitié de BD , décrivez deux arcs qui se coupent en G, et tirez AG, qui sera la perpendiculaire demandée.

Par un point donné A (fig. 24), mener une parallèle à la ligne donnée BC.

Du point A comme centre, et d'une ouverture de compas suffisamment grande, décrivez l'arc indéfini FO, et du point F, avec la même ouverture de compas, décrivez l'arc AE. Prenez FD égal à AE, et tirez AD, qui sera la parallèle demandée.

Trouver le centre d'un cercle ou d'un arc donné (fig. 25).

Prenez à volonté, dans la circonférence ou dans l'arc, trois points A, B, C, joignez AB et BC, divisez ces deux lignes en deux parties égales par les perpendiculaires DE, FG. Le point O, où ces perpendiculaires se rencontrent, sera le centre cherché*.

---

* On observera que, s'il s'agissait de faire passer une circonférence par trois points donnés A, B, C (fig. 25), on opèrerait comme ci-dessus.

Par un point donné (fig. 26), mener une tangente à un cercle donné.

Il y a deux cas : 1° Si le point A donné est sur la circonférence, tirez le rayon CA, et menez (par le moyen du Problème 3) AD perpendiculaire sur l'extrémité A de AC; AD sera la tangente demandée.

2° (fig. 27). Si le point A est hors du cercle, joignez le point A et le centre C du cercle donné par la ligne droite CA; divisez CA en deux parties égales au point O par la perpendiculaire EF, ensuite du point O, avec une ouverture de compas égale à OC, décrivez une circonférence qui coupera la circonférence donnée au point B; tirez AB qui sera la tangente demandée.

Au point A de la ligne AB (fig. 28), faire un angle égal à l'angle donné K.

Du sommet K, et d'une ouverture de compas à volonté, décrivez l'arc IL terminé aux deux côtés de l'angle; du point A, avec une ouverture de compas égale à KI, décrivez l'arc indéfini Bo; prenez ensuite BD égal à IL, et tirez AD; l'angle A sera égal à l'angle K.

LEVER DES PLANS ET MESURE DES TERRAINS.

On entend par lever un plan, l'opération au moyen de laquelle on obtient la grandeur et la forme d'un terrain, de manière à pouvoir retracer sur le papier une figure semblable à celle qu'il représente.

Pour opérer sur le terrain, c'est-à-dire pour élever des perpendiculaires, tirer des lignes droites, etc., on ne peut plus se servir, comme on le fait sur le papier, de règles et de compas; mais on emploie des instruments qui vous donnent le même résultat. Ce sont l'équerre d'arpenteur pour élever des perpendiculaires, les jalons pour tirer des lignes droites, etc.

Avant de nous occuper des opérations à faire pour lever le plan d'un terrain, il est bon de nous rappeler la méthode que nous avons donnée pour avoir la surface d'un triangle, carré, rectangle, parallélogramme et trapèze; parce que toute figure rectiligne pouvant toujours se diviser en triangles, carrés, rectangles, etc., nous pourrons facilement évaluer la superficie d'un terrain qui n'est lui-même qu'un composé de ces mêmes figures.

PLANCHE III. —Soit, par exemple (fig. 29), ABCDEFGHIK, un terrain dont vous voulez avoir tout à la fois et la figure et la mesure, voici ce que vous ferez :

D'abord, figurez à peu près à la main, sur une feuille de papier, la forme du terrain. Ce croquis fait, voici les opérations nécessaires pour lever ce terrain :

Joignez deux angles opposés A et E par la diagonale AE, et sur cette droite du sommet de chaque angle, abaissez les perpendiculaires Bl, Cm, Dn, Fr, Gq, Hp, Io. Maintenant, ayez soin d'indiquer sur votre croquis, à mesure que vous les abaissez sur le terrain, chacune des perpendiculaires, sans oublier de marquer la mesure de l'espace qui les sépare et la mesure de ces perpendiculaires elles-mêmes, comme l'indique la figure.

Ces opérations faites, vous voyez que votre terrain est divisé en triangles, rectangles et trapèzes, figures dont vous savez évaluer la superficie.

Si vous voulez actuellement mettre votre croquis au net, je veux dire, si vous voulez représenter sur le papier la figure que vous venez de relever sur le terrain, vous y parviendrez avec la règle et le compas, au moyen d'une échelle, c'est-à-dire d'une ligne droite divisée en un certain nombre de parties égales d'une longueur arbitraire, mais suffisamment petite; cependant pour que la figure puisse être contenue dans l'espace que vous lui destinez sur le papier, et dont chacune d'elles représentera l'unité linéaire (soit mètre ou toise) que vous aurez employée pour mesurer le terrain dont il s'agit, vous pourrez ensuite subdiviser elles-mêmes chacune de ces parties en parties plus petites, qui représenteront à leur tour les subdivisions du mètre ou de la toise.

D'après quoi vous tirerez sur votre papier une ligne indéfinie sur laquelle, au moyen du compas, vous porterez autant de mètres et de subdivisions de mètre de votre échelle, qu'il est contenu de mètres et de subdivisions du mètre sur la ligne AE.

Après cela, toujours en ayant recours aux mesures marquées sur le terrain, et que vous reprendrez sur votre échelle, vous élèverez à chaque distance donnée sur la ligne AE, les perpendiculaires IB, mC, nD, rF, qG, pH, oI*, sur lesquelles vous porterez la mesure indiquée sur le terrain. Vous joindrez ensuite tous les sommets des perpendiculaires par des lignes droites qui détermineront exactement le contour de votre figure. Vous aurez aussi sur le papier une figure parfaitement semblable à celle du terrain ABCDEFGHIK, et qui contiendra autant de fois la petite mesure que vous aurez prise pour mètre, que le terrain contient de mètres.

Si par hasard, dans la figure d'un terrain, il se trouvait un angle rentrant comme l'angle E dans la figure 3o, cela ne changerait rien à l'opération. En effet, du point E on abaisserait la perpendiculaire En sur KF, et on la prolongerait jusqu'en C. Ceci fait, on mesurerait d'abord cette perpendiculaire de n en E, ensuite de E en C, et puis on prendrait la mesure de CD, ce qui fixerait le point D. Le reste s'entend de soi-même, puisque les autres points se déterminent comme dans la figure précédente: on pourrait encore se servir du procédé que nous allons indiquer.

* Perpendiculaires que vous pourrez élever avec l'équerre dont nous parlerons plus loin.

Soit ABCDEF (fig. 31), un terrain à évaluer. On diviserait d'abord ce terrain en triangles par les diagonales AC, AD, AE, menées d'un même angle A à tous les angles opposés. On abaisserait ensuite dans chacun de ces triangles les perpendiculaires Bg, Ch, Di, Fk, dont on fixerait et la place et la mesure; puis on évaluerait chacun de ces mêmes triangles par le moyen qui nous est connu; la somme de leur superficie serait la superficie du terrain ABCDEF. Si on voulait en retracer la figure sur le papier, on y parviendrait comme dans l'exemple ci-dessus, en déterminant tous les points A, B, C, D, E, F.

On observera qu'il est toujours bien préférable d'employer le moyen dont nous avons parlé précédemment.

1° Quelquefois on a une figure tracée sur une feuille de papier, et on veut la retracer telle qu'elle est sur une autre; 2° quelquefois même on veut la réduire. Eh bien! voici pour le premier cas ce qu'il faut faire. Par exemple (fig. 32), soit la figure ABCDE tracée sur une feuille de papier, et que vous voulez retracer sur une autre. A cet effet, vous tirerez sur votre nouvelle feuille une ligne indéfinie sur laquelle vous porterez la grandeur KI égale à CD. Du point I, avec une ouverture de compas égale à DE, vous tracerez un arc de cercle indéfini. Ensuite du point K, avec une ouverture de compas égale à CE, vous tracerez un second arc de cercle qui rencontrera le premier au point H et qui fixera ce point. Maintenant du point H, avec une ouverture de compas égale à EA, vous tracerez encore un arc indéfini; et du point K, avec une ouverture de compas égale à CA, vous décrirez un arc de cercle dont l'intersection avec le précédent terminera le point G. Enfin du point K, avec une ouverture de compas égale à CB, vous décrirez un arc indéfini, et du point G, avec une ouverture de compas égale à AB, vous décrirez un dernier arc qui coupera l'autre au point F, et qui fixera ce dernier point. Il ne restera plus qu'à joindre tous ces points par des lignes droites pour avoir une figure GFKIH parfaitement égale et semblable à celle ABCDE. Si la figure avait un plus grand nombre de côtés, vous continueriez la même construction jusqu'à ce que tous les points des sommets des angles en soient déterminés.

Pour le second cas, si vous voulez en même temps réduire la figure, voici ce qu'il y a à faire:

Soit (fig. 33) ABCD la figure que vous voulez réduire. D'après l'échelle M qui est au bas de cette figure, le côté CD contient 10 mètres; eh bien! si vous voulez réduire les côtés de cette figure, de moitié, par exemple, vous prendrez à cet effet, sur son échelle, la moitié du mètre qui sera le mètre de la nouvelle figure que vous voulez obtenir. Vous construirez l'échelle n, et vous en porterez 10 mètres sur la ligne GH. Ensuite, vous mesurerez le côté BC, sur l'échelle M de la figure à laquelle il appartient; vous verrez qu'il contient 11 mètres de cette échelle; vous prendrez alors une ouverture de compas égale à 11 mètres sur votre nouvelle échelle n, et du point G vous décrirez un arc indéfini ; vous prendrez ensuite la distance DB que vous mesurerez sur l'échelle M, et d'après le nombre de parties qu'elle contiendra, vous en prendrez un nombre égal sur l'échelle n, et du point H vous décrirez un arc qui rencontrera le premier en F ; vous mesurerez ensuite AB sur l'échelle M, et d'après la mesure que vous en obtiendrez, vous en prendrez une égale sur l'échelle n, et du point F vous décrirez un arc de cercle indéfini. Vous mesurerez encore AD sur l'échelle M, et d'après la valeur que vous en aurez, vous en prendrez une égale sur l'échelle n, et du point H vous décrirez un arc de cercle qui coupera l'autre en E. Vous joindrez tous les points E, G, H, F, par des lignes droites, et vous aurez une figure parfaitement semblable à l'autre et dont les côtés seront réduits de moitié.

Si la figure avait plus de côtés, on continuerait la même opération. Si vous ne teniez pas à ce que les côtés de votre figure soient réduits à la moitié ou au quart, etc., et que vous ayez seulement pour but de la rendre plus petite, alors vous prendrez pour mètre une longueur arbitraire seulement moindre que celle du mètre de la figure à réduire. Pour rendre les côtés d'une figure plus grands que ceux d'une figure semblable, il ne s'agirait, l'opération restant absolument la même, que de prendre réciproquement le mètre plus grand ; tel est l'usage, en architecture et en géométrie, de la ligne appelée échelle.

EXPLICATION DU DESSIN ET DE L'ARCHITECTURE.

Pour dessiner l'architecture, on se sert de différents instruments.

PLANCHE IV. — D'abord de la règle, ou (fig. 34) d'un autre instrument plus commode encore appelé T, parce qu'en effet il en a la forme ; il coule le long d'une planchette de forme rectangulaire, et par son moyen on trace des parallèles avec la plus grande facilité et la plus grande promptitude.

On emploie encore le compas et l'équerre. Tout le monde sait qu'on appelle équerre le plus ordinairement un morceau de bois coupé à angles droits, dont les côtés de l'angle droit sont égaux (fig. 34), et qui, placé sur le T, élève à son tour des perpendiculaires sur les lignes tracées par ce T. Quant à la manière de faire tenir son papier sur la planchette, la voici : On mouille légèrement sa feuille de papier, et, quand elle est humectée, on en colle les bords sur la planchette au moyen de la colle à bouche.

Maintenant, une chose qu'il importe extrêmement de bien concevoir, c'est la différence du dessin de l'architecture avec celui des autres arts. En effet, le dessin de l'architecture n'a pas pour but, comme l'autre, de représenter à nos yeux les objets tels que la nature nous les offre, je veux dire en perspective, mais bien d'en déterminer toutes les dimensions. Pour fixer les idées, prenons un exemple. La figure 35 représente une baignoire de forme antique en perspective ; ce dessin retrace à nos yeux la juste image que nous présenterait cette baignoire, si nous la regardions en réalité. Supposons maintenant que nous voulions la construire dans les justes dimensions qu'elle aurait en nature. Certes, ce n'est pas au moyen de cette figure en perspective que nous pourrions y parvenir. En effet, il nous faudrait des dessins qui nous en donnassent toutes les mesures : ce sont ces dessins qu'on appelle plans, coupes et élévations.

Ainsi les dessins géométraux, ou le plan, la coupe et l'élévation de la baignoire dont nous venons de parler, sont indiqués par les figures 36, 37 et 38, savoir :

1° La figure 36, qui en est le plan ou disposition horizontale, c'est-à-dire sa longueur et sa largeur.

2° La coupe (fig. 37), ou disposition verticale intérieure, c'est-à-dire sa hauteur, sa forme intérieure, et l'épaisseur de la matière employée pour sa construction.

3° L'élévation (fig. 38), qui indique sa disposition verticale extérieure, c'est-à-dire sa forme extérieure et sa hauteur à partir du sol.

D'où nous concluons qu'il faut trois figures pour donner une idée complète d'un objet quelconque d'architecture.

On pourrait faire chacun de ces dessins sur des feuilles de papier séparées ; mais on ira beaucoup plus vite en les faisant sur une seule, puisque la plupart des lignes se correspondent, l'élévation et la coupe n'étant que le résultat du plan.

Par exemple, pour tracer les figures 36, 37, 38, après avoir tiré dans le milieu de votre feuille de papier la verticale CD, et l'avoir coupée à angles droits par l'horizontale EF, vous tirerez indéfiniment au crayon les lignes AA, BB, qui sont communes aux trois figures. Vous porterez ensuite sur la verticale ED au point O la moitié de la largeur de la baignoire de chaque côté de la ligne horizontale EF, qui en sera l'arc ou milieu.

Quant à la coupe, vous tirerez les parallèles à EF, et vous en fixerez la hauteur, en ayant soin d'indiquer l'épaisseur de sa construction et sa forme intérieure. Pour l'élévation, il suffira d'en déterminer la hauteur.

Il ne faut d'ailleurs que jeter les yeux sur la figure pour comprendre de suite les opérations à faire. Les figures C, qui sont à côté de celles dont nous venons de parler, sont le plan *, la coupe et l'élévation d'un petit pavillon qui renferme un réservoir dans son soubassement. Le dessin, quoique plus compliqué, se fait absolument de la même manière que le précédent; puis les lignes ponctuées indiquent suffisamment celles qui se correspondent dans les trois figures et les axes qui leur sont communs.

* Ici le plan indiqué n'est que le plan du soubassement.

Pour distinguer dans les plans et les coupes les vides des pleins, on hache ordinairement ces derniers.

CONSTRUCTIONS.

Murs.

Il y a plusieurs espèces de murs, savoir : les murs de face, qui ferment les édifices; les murs de refend, qui servent à les diviser; enfin, les murs de clôture, dont
l'usage est de clore les cours et les jardins.

Toutes les parties d'un mur ne fatiguent pas également; il y en a qui suppor-
tent de plus grands fardeaux les unes que les autres; celles-là par conséquent doivent avoir plus d'épaisseur ou se construire avec des matériaux plus durs. Par
exemple : les angles produits par la rencontre de deux murs, les endroits où l'on
place des portes et des croisées, et sur lesquels posent les principales pièces des
planchers et des combles.

Dans les murs construits en pierres et en moellons, il y a des parties entièrement construites en pierres et qui forment chaînes, c'est-à-dire qui prennent de-
puis le pied de l'édifice jusqu'à son couronnement. Ces chaînes doivent être com-
posées de pierres alternativement longues et courtes *, afin qu'elles puissent se
relier avec les moellons qui seront employés dans les parties de remplissage : c'est
ce qu'indique le plan et l'élévation de la planche 5.

Voûtes.

Il y a plusieurs espèces de voûtes : celles dont l'usage est le plus fréquent sont
(pl. 5) : le berceau, le cul de four, qui a la forme d'une demi-sphère, la niche ou
moitié du cul de four, la voûte d'arête, qui a des angles saillants, et celle en arc
de cloître, dont les angles sont rentrants. La voûte d'arête ne porte que sur quatre
points, comme l'indique d'ailleurs son plan.

Les pierres apprêtées pour la construction des voûtes s'appellent *voussoirs*, et
tendent toutes vers un centre.

Pans de bois.

Quelquefois, au lieu de murs, on emploie des pans de bois; ils exigent moins
d'épaisseur que les murs; c'est ce qui en rend l'usage assez fréquent.

* Ces pierres prennent le nom de *harpes*.

On appelle *pan de bois* l'assemblage de plusieurs pièces de bois dont voici les noms principaux : sablière, poteaux, décharges, tournisses.

Les planches 6 et 7 en donnent des exemples ; nous allons donner le nom de chaque pièce dans chacun de ces exemples..

Dans le pan de bois A (pl. 6).

1. Sablière haute.
2. Sablière de chambrée.
3. Poteau cornier qui se place à l'angle produit par la rencontre de deux pans de bois.
4. Poteau de fond.
5. Poteaux de croisée.
6. Linteaux.
7. Potelets de linteau.
8. Décharges.
9. Tournisses.
10. Poitrail posé sur des piles en pierre.
11. Piles en pierre.
12. Mur mitoyen.

Dans le pan de bois B.

1. Sablières hautes.
2. Sablières de chambrée.
3. Sablières basses sur parpaing *.
4. Poteaux de porte.
5. Décharges.
6. Poteaux sur parpaing.
7. Linteaux.
8. Potelets de linteau.
9. Tournisses.
10. Potelets de chambrée.
11. Murs de refend.
12. Parpaing en pierre.

La partie hachée des pièces indique leur scellement.

Dans le pan de bois C, élevé de trois étages (planche 7).

1. Sablière haute en bois refait pour la corniche.
2. Sablières hautes des premier et deuxième étages.
3. Poteaux de croisée.

---

* On appelle *parpaing* les pierres posées sous le pan de bois et sur lesquelles il s'appuie.

4. Poteaux de fond refouillés de gargouilles * par le bas pour les solives.
5. Sablières de chambrée.
6. Décharges.
7. Tournisses.
8. Appuis.
9. Potelet d'appui.
10. Linteaux.
11. Sablières basses sur parpaing.
12. Parpaing.
13. Poteau cornier.
14. Bouts de solives de remplissage.
15. Bouts de solives d'enchevêtrure **.

Planchers.

Les planchers servent à séparer les étages d'un bâtiment, et sont ordinairement composés de solives, solives d'enchevêtrure et chevêtres.

On appelle *chevêtre* la traverse dans laquelle s'assemblent des solives moins longues que les autres, pour laisser vide la place qu'occupe une cheminée.

Solive d'enchevêtrure, celle dans laquelle s'assemble le chevêtre.

Les planchers se construisent par travées.

On appelle *travée* de plancher le rang de solives posées entre les deux poutres d'un plancher ou entre deux murs.

La planche 8 en donne deux exemples.

Le plancher A se compose d'une travée.

1. Chevêtre et linçoir.
2. Chevêtre recevant solive boiteuse.
3. Faux ou doubles chevêtres.
4. Solives d'enchevêtrure.
5. Solives d'enchevêtrure boiteuse.
6. Solive.

---

* On appelle *gargouille* une entaille faite au pied d'un poteau, et qui reçoit le bout d'une solive.

** On verra dans les planchers ce qu'on appelle solives de remplissage et d'enchevêtrure.

7. Solives de remplissage.
8. Soliveau.
9. Lambourde.
10. Place de la bande de trémie*.

Le plancher B est divisé en deux travées par une poutre armée de lambourdes.

1. Solives d'enchevêtrure.
2. Solives d'enchevêtrure boiteuses.
3. Linçoirs recevant les solives boiteuses et celles de remplissage.
4. Faux chevêtres.
5. Chevêtres recevant les solives au devant d'un âtre de cheminée.
6. Soliveaux.
7. Solives de remplissage.
8. Poutre armée de deux lambourdes et disposée pour être cachée.
9. Lambourde placée pour que les solives affleurent le dessus de la poutre.
10. Lambourde placée de manière à ce que les solives affleurent le dessous de la poutre.
11. Bandes de fer sur lesquelles on appuie la maçonnerie de l'âtre.

La figure D est la coupe du même plancher prise contre les solives d'enchevêtrure.

(*a.*) Lambourde carrée. (*b.*) Lambourde chanlattée.

Combles en charpente.

On appelle *comble* la charpente qui couvre un édifice.

Les combles se construisent aussi par travées.

On entend par *travée de comble* l'espace compris entre deux fermes ou entre une ferme et un mur de pignon**.

On appelle *ferme* l'assemblage de plusieurs pièces qui forment la carcasse d'un comble, et qui se composent ordinairement d'un entrait, de deux arbalétriers, de deux contre-fiches et d'un poinçon.

Les fermes se placent de neuf à douze pieds de distance l'une de l'autre, et servent à porter les pannes, le faîtage et les chevrons.

La planche 9 en donne des exemples.

La figure B est la ferme d'un comble ordinaire.

1. Arbalétriers.

---

* On appelle ainsi la construction de l'âtre de la cheminée.

** On appelle *mur de pignon* celui dont le faîte est terminé par un angle sur lequel porte un comble à deux égouts.

2. Poinçon.

3. Contre-fiches.

4. Entrait retroussé.

5. Chevrons recevant le lattis pour la couverture.

6. Pannes vues par le bout ou en coupe.

7. Tasseaux soutenant les pannes.

8. Chantignolles.

9. Entrait retroussé, vu en plan ou dessus.

10. Jambettes.

11. Entrait.

12. Arbalétriers vus dessous.

13. Chevron en deux parties.

La figure A est le faîtage * vu de face du comble dont la figure B est la ferme.

1. Faîtage.

2. Liens.

3. Poinçons.

La figure D est une ferme retroussée pour un comble dans lequel on voudrait établir des logements.

1. Poinçon.

2. Arbalétriers.

3. Entrait retroussé.

4. Jambes de force.

5. Blochets.

6. Chevrons recevant le lattis.

La figure C est le faîtage vu de face du comble dont la figure D est la ferme.

1. Faîtage.

2. Poinçons.

3. Liens.

La figure E est une portion d'arbalétrier soutenant une chantignolle, un tasseau, et une panne vue par le bout.

1. Panne vue en coupe.

2. Tasseau à tenon dans l'arbalétrier, et soutenant la panne.

3. Chantignolle soutenant aussi la panne.

4. Bout d'arbalétrier.

La figure F est la ferme d'un comble en mansarde.

1. Poinçon.

---

* On appelle *faîtage*, dans un comble, la pièce de bois qui est la plus élevée et qui forme l'angle de ce comble.

2. Arbalétriers ordinaires.
3. Contre-fiches.
4. Entrait retroussé.
5. Jambettes.
6. Entraits de brisis.
7. Aisseliers.
8. Arbalétriers de brisis.
9. Arbalétrier de brisis démanché.
10. Chevron de brisis.
11. Semelle traînante.

La planche 10 renferme le détail et l'assemblage des moulures le plus généralement employées en architecture. Les opérations à faire pour décrire ces moulures
avec le compas étant suffisamment indiquées dans cette planche par les lignes
ponctuées, nous croyons inutile d'en faire mention dans ce texte. On observera
qu'il est bon de s'accoutumer à profiler les moulures à la main, et par conséquent de s'y exercer le plus possible.

ORDRES.

On appelle ordre en architecture la réunion d'un piédestal, d'une colonne et
d'un entablement astreints à certaines proportions.

Le piédestal est à son tour composé d'une base, d'un dé et d'une corniche.

La colonne, d'une base, d'un fût et d'un chapiteau ; quelquefois aussi elle n'a
pas de base.

L'entablement, d'une architrave, d'une frise et d'une corniche.

Le piédestal est un mur dont l'élévation est celle du sol de l'édifice au-dessus
du sol naturel ; sa base, une cymaise pratiquée à sa partie inférieure ; et sa corniche, une cymaise qui le couronne. Sa partie nue s'appelle dé.

La colonne soutient l'entablement, dont l'architrave relie les colonnes entre
elles, dont la frise relie les colonnes avec les murs, et dont la corniche *, par sa
saillie, éloigne les eaux du pied de l'édifice.

Les colonnes sont les soutiens isolés qui procurent une circulation facile et
commode dans les endroits où ils sont employés. Il est même présumable que
c'est aux grands avantages qu'ils réunissent sous ce rapport qu'ils doivent leur
naissance.

Lorsque ces soutiens sont carrés par leur plan, et qu'ils sont assujettis aux
mêmes proportions que la colonne, on les nomme pilastres.

* Les corniches, chapiteaux et bases sont composés de moulures.

9

Nous allons donner maintenant les proportions le plus généralement suivies par les anciens et les modernes pour chacun de ces ordres.

On compte cinq ordres en architecture :

1° Le toscan, 2° le dorique, 3° l'ionique, 4° le corinthien, 5° le composite Nous y joindrons un dorique imité des Grecs.

Pour mettre un ordre en proportion, on rapporte tout au module, c'est-à-dire au demi-diamètre inférieur du fût de la colonne ; par conséquent le diamètre entier vaut deux modules. Le module se divise en douze parties pour le toscan, le dorique romain et le dorique grec, et en dix-huit pour l'ionique, le corinthien et le composite.

TABLEAU

DE LA HAUTEUR PROPORTIONNELLE DES PIÉDESTAUX, COLONNES ET ENTABLEMENTS DES ORDRES D'ARCHITECTURE, ÉVALUÉE EN MODULES.

		TOSCAN.	DORIQUE.	IONIQUE.	CORINTHIEN.	COMPOSITE.	DORIQUE GREC
CORNICHES.	Entablements.	$1^m. \frac{1}{3}$.	$1^m. \frac{1}{2}$.	$1^m \frac{2}{3}$.	2^m.	2^m.	1^m.
FRISES.		$1^m. 2$ p.	$1^m. \frac{1}{2}$.	$1^m. 3$ p.	$1^m. \frac{1}{4}$.	$1^m. \frac{1}{4}$.	$1^m. \frac{1}{2}$.
ARCHITRAV.		1^m.	1^m.	$1^m. 3$ p.	$1^m. \frac{1}{4}$.	$1^m. \frac{1}{4}$.	$1^m. \frac{1}{2}$.
CHAPITEAUX.	Colonnes.	1^m.	1^m.	1^m.	$2^m. \frac{1}{4}$.	$2^m. 5$ p. $\frac{1}{2}$.	1^m.
FUTS.		12^m.	14^m.	16^m.	$16^m. \frac{1}{4}$.	$16^m. 12$ p. $\frac{1}{2}$.	11^m.
BASES.		1^m.	1^m.	1^m.	1^m.	1^m.	
CORNICHES.	Piédestaux.	$\frac{1}{2}^m$.	$\frac{1}{2}^m$.	$\frac{1}{2}^m$.	$\frac{1}{2}^m$.	$\frac{1}{2}^m$.	$\frac{1}{2}^m$.
DÉS.		$3^m. \frac{1}{2}$.	$3^m. \frac{1}{2}$.	$3^m. \frac{1}{2}$.	$3^m. \frac{1}{2}$.	$3^m. \frac{1}{2}$.	$3^m. \frac{1}{2}$.
SOCLES.		1^m.	1^m.	1^m.	1^m.	1^m.	1^m.
ORDRES ENTIERS.		$22^m. 6$ p.	25^m.	27^m.	$29^m. 9$ p.	$29^m 9$ p.	21^m.

Pour les autres détails, il faudra consulter les planches de chaque ordre.

Pour le toscan, les planches 11, 12, 13.

Pour le dorique, les planches 14, 15, 16.

Pour l'ionique, les planches 17, 18, 19.

Pour le corinthien, les planches 20, 21, 22.

Pour le composite, les planches 23, 24, 25.

Pour le dorique grec, les planches 26, 27, 28.

Nous ferons remarquer que dans tous les ordres le diamètre de la base supérieure du fût de la colonne doit diminuer d'un sixième du diamètre de sa base inférieure, et que, d'après l'exemple des anciens, les côtés de la colonne sont des lignes droites sans aucun renflement.

Dans l'ordre composite que nous donnons, le diamètre supérieur du fût ne diminue que d'un neuvième, ainsi que l'antiquité en fournit quelques exemples ; mais on peut aussi, comme les autres, le réduire d'un sixième du diamètre de sa base inférieure.

Il y a pour le toscan, le dorique, le corinthien et le composite, des piédestaux plus généralement adoptés que ceux que nous avons donnés. La planche 29 les renferme. Ainsi on pourra les employer si on le trouve plus convenable.

Tracé de la volute du chapiteau ionique.

Pour tracer la volute du chapiteau ionique, voilà comment il faudra s'y prendre.

PLANCHE XXX. — Du point A (fig. 1), partie inférieure du talon, vous abaisserez une perpendiculaire AB sur CD prolongée ; le point où ces deux lignes se couperont sera le centre d'un cercle dans lequel vous inscrirez un carré (placé comme l'indique la figure), dont chaque côté sera divisé en deux parties égales par deux lignes qui se couperont à angles droits au centre du cercle. Ces deux lignes seront à leur tour divisées chacune en six parties égales qui seront l'une après l'autre le centre de la volute selon l'ordre (fig. 2) 1, 2, 3, 4, 5, 6, 7, 8, 9, 10, 11. Pour avoir la seconde révolution, vous partagerez une des six parties d'une des lignes en quatre autres parties, et vous porterez une de ces parties à côté de chaque point 1, 2, 3, 4, 5, 6, etc. ; les nouveaux points qui résulteront de cette opération seront les centres de la seconde révolution, toujours dans l'ordre 1, 2, 3, 4, etc. Remarquez bien attentivement que l'on doit tracer les arcs qui composent la volute de A en E, de E en F, et ainsi de suite.

La planche 31 indique les plans renversés des chapiteaux corinthiens et composites ; la largeur de ces plans s'obtient par la rencontre de la diagonale FG * avec

---

* Cette diagonale peut s'obtenir de la manière suivante :

Après avoir tracé un des cercles du plan, le cercle MPQ, par exemple, et l'avoir divisé en deux

la ligne d'axe GH; le point G est un des points d'angle de carré, et GK est la moitié d'un des côtés, ce qu'il suffit de connaître pour former entièrement le carré.

La ligne GL, construite sur l'un des côtés, sert à tracer les courbes de l'abaque,
et est égale à un côté du carré. Si l'on voulait tracer le plan entier du chapiteau ,
il faudrait construire GL sur chaque côté du carré.

Plafonds des corniches.

Pour dessiner les plafonds des corniches, voici ce qu'il faut faire :
Après avoir relevé, d'après les proportions indiquées sur l'ordre dont on se
propose d'obtenir le plafond, la coupe de sa corniche, c'est-à-dire son profil, on
abaissera du sommet de chaque moulure des lignes qui détermineront celles du
plafond. Cela fait, s'il y a des gouttes ou des modillons dans ces plafonds, on en
fixera les axes et la largeur indiqués par les cotes.

Les planches 32, 33, 34 et 35 contiennent des exemples des plafonds toscan ,
dorique, corinthien, composite.

La planche 36 indique la coupe du plafond d'un entablement.

Les proportions des ordres fixées, il est facile de voir que l'on peut employer
un ordre, quel que soit l'emplacement qu'on lui destine. Par exemple , supposons
que nous ayons une hauteur déterminée, et que nous voulions y ajuster l'ordre
toscan. Hé bien! sachant que l'ordre entier vaut 22 modules 6 parties, ou 22 modules $\frac{1}{2}$*, je partage ma hauteur donnée en 22 parties $\frac{1}{2}$, et chacune de ces parties
vaut un module de l'ordre toscan que je veux employer. Connaissant le module ,
il ne me reste plus qu'à établir les proportions de mon ordre d'après lui ; il en
est de même pour tous les autres ordres.

Souvent on emploie les ordres sans piédestaux, ce qui ne change rien à l'opération, puisqu'on peut savoir combien un ordre contient de modules sans son
piédestal.

ARCADES.

Pour mettre les arcades en proportion, on rapporte tout à leur largeur.
La hauteur des arcades varie suivant les usages auxquels on les emploie.
Les arcades d'une halle peuvent avoir une hauteur égale à leur largeur.

---

parties égales MP, PQ, vous ferez passer par les points F et P une ligne que vous prolongerez
suffisamment ; elle sera la diagonale demandée.

* Parce que 6 est moitié de 12, total du module.

Quant aux arcades qui forment des portiques, on leur donne ordinairement le double de leur largeur.

Les arcades portent toujours sur colonnes et sur pieds-droits, comme l'indiquent les exemples des planches 37, 38, 39.

PORTES ET CROISÉES.

Pour mettre les croisées et les portes en proportion, on rapporte, comme pour les arcades, tout à leur largeur.

PLANCHE XL. — La hauteur qu'on donne le plus ordinairement aux portes et aux croisées est double de leur largeur. Quelquefois, dans les étages supérieurs, on ne leur donne qu'une fois et demie leur largeur ; quelquefois même on les fait carrées. Si on veut mettre un chambranle autour d'une porte ou d'une croisée, on divise sa largeur en six parties, et on en prend une pour la largeur du chambranle ; si, de plus, on veut encore ajuster une frise et une corniche, on porte au-dessus du chambranle sa largeur une fois pour la frise, et une fois pour la corniche, dont on fixe la saillie en se servant du plus grand côté de l'équerre.

On peut entendre le reste de soi-même, au moyen des opérations graphiques indiquées sur chaque figure.

SALLES.

On fait des salles carrées, rondes ou en demi-cercle, des salles plus larges que longues, ou plus longues que larges, forme la plus ordinaire.

Souvent cette dernière espèce de salles se termine en demi cercle par un bout, on les couvre, soit par des plafonds, soit par des voûtes.

PLANCHE XLI. — Quand on divise les salles par des files de colonnes, la partie du milieu doit toujours être plus large que les côtés. On donne pour hauteur aux salles voûtées, et plus longues que larges, une fois et demie leur largeur entre les colonnes, une fois pour celles rondes ou carrées ; une fois la largeur entre les colonnes pour les salles plafonnées et plus longues que larges, et moins d'une fois pour celles rondes ou carrées. On peut cependant s'éloigner plus ou moins de ces proportions.

TRACÉ DES CAISSONS.

Quelquefois on décore les voûtes par des renfoncements carrés que l'on orne de rosaces ; ces renfoncements s'appellent caissons ; on en met dans les voûtes en berceau et dans les voûtes sphériques. Nous donnons (pl. 41) le moyen de tracer les caissons d'une voûte en berceau dans une coupe. Nous n'entrerons pas dans des détails à ce sujet, la figure en disant plus que toutes les explications que nous pourrions faire.

Quant au tracé des caissons d'une voûte sphérique, comme il est beaucoup plus compliqué, nous allons indiquer les opérations à faire (pl. 4). Après avoir tracé le plan et la coupe de la voûte à plomb l'un de l'autre, vous déterminerez sur le plan les entr'axes 1, 2, 3, 4, 5, 6, 7, des caissons ; vous placerez ensuite, de chaque côté de ces entr'axes sur la courbe EF, la moitié de la largeur de chaque caisson, afin de fixer leurs intervalles, et vous tirerez les droites abo, cdo, etc.

Vous ferez actuellement le développement d'une tranche de caissons vus de face. Pour cela faire, vous diviserez l'arc LAM de la coupe en un certain nombre de parties égales sensiblement droites, et après avoir tiré la verticale indéfinie PQ, vous porterez dessus le même nombre de parties que celui trouvé sur la coupe ; vous tirerez alors RS, et fixerez le point Q. Après quoi, sur la ligne RS et de chaque côté de PQ, vous porterez une demi-largeur de caisson et une largeur d'intervalle ; les points R, S, V, X. déterminés, vous tirerez les droites RQ, VQ, XQ, SQ, et avec une équerre, dont les branches seront égales, vous tirerez successivement les diagonales RT, YZ, etc., qui, avec la rencontre des droites, RQ, VQ, XQ, SQ, fixeront la hauteur des caissons et la largeur des intervalles horizontaux. Quand vous aurez déterminé le nombre de caissons que vous voulez mettre en hauteur, vous porterez sur la courbe LAM, à partir du point G, la hauteur de chaque caisson du développement et la largeur de chaque intervalle. Ceci fait, vous tirerez AB, ligne qui fixera l'endroit où s'arrêteront les caissons en coupe ; vous prendrez ensuite une ouverture de compas égale à AB, et vous décrirez du point O dans le plan l'arc CD. Maintenant des points a, c, etc., vous mènerez des lignes verticales jusqu'à la rencontre de GH, ligne du bas des caissons ; et des points b, d, etc., vous mènerez des lignes verticales jusqu'à la rencontre de AB, ligne du haut des caissons, et vous continuerez ainsi de suite pour chaque tranche de caissons ; ce qui vous déterminera dans la coupe les points inférieurs et supérieurs des intervalles verticaux. A présent, pour déterminer les angles de chaque caisson, vous mènerez de chaque point inférieur et supérieur des caissons tracés sur la courbe LAM des perpendiculaires sur NO et des parallèles à GH, et de chaque point de rencontre des perpendiculaires avec NO, vous tracerez des arcs de cercle. Leurs intersections avec les droites *ab*, *cd*, etc., détermineront les caissons en plan. Vous n'aurez plus qu'à élever les verticales 13, 14, 15, 16, etc., à chaque angle des caissons du plan, que vous prolongerez jusqu'à leur rencontre avec les lignes correspondantes de la coupe. Chaque point des angles des caissons ainsi déterminé, il ne vous restera plus qu'à faire passer une courbe, que vous tracerez à la main par chacun de ces points, ce qui vous donnera les intervalles verticaux. Le reste se faisant par des constructions semblables, il n'y a plus de difficultés.

La planche 43 renferme des exemples de menuiserie ; des lambris et des portes.
La planche 44 renferme des exemples de compartiments de pavé.

Si vous avez un terrain régulier à distribuer (pl. 45), il faut d'abord vous enquérir de l'emploi qu'on doit faire de la construction dont il s'agit; ensuite en diviser toutes les parties régulièrement et commodément, de manière à ce que les accès et les communications en soient faciles, de manière enfin à ce que toutes les dispositions de l'édifice soient convenables à sa destination.

Quant aux terrains irréguliers (pl. 46), toujours après vous être rendu compte de leur usage, vous en tirerez le plus de parties régulières et commodes qu'il vous sera possible.

FIN.

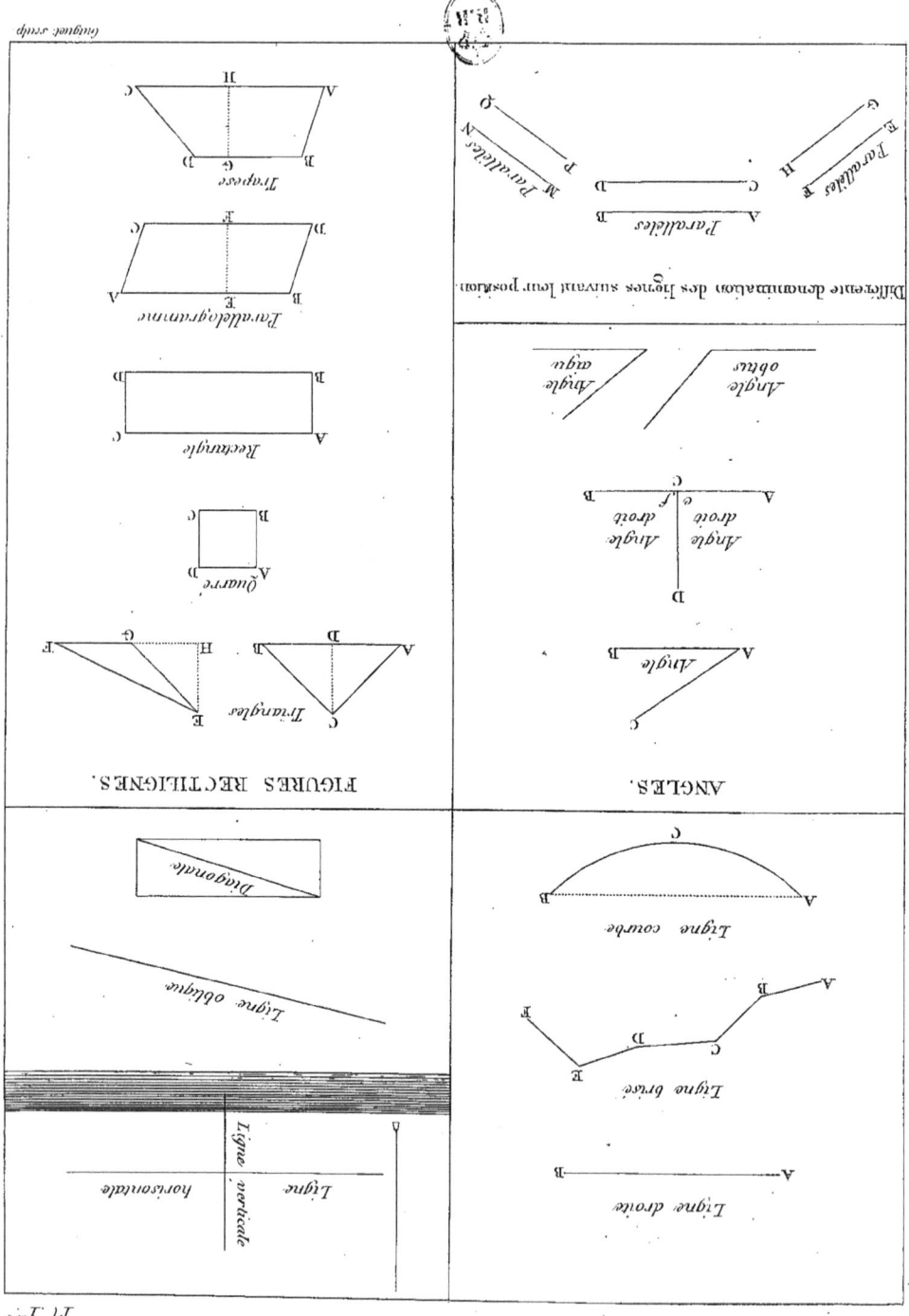

LES CINQ ORDRES D'ARCHITECTURE. *Pl. 1. bis*

Toscan.
Dorique.
Ionique.
Corinthien.
Composite.
3 mod. 1/2
7 diamètres ou 14 modules
4 mod. 8 part.
4 mod.
8 diamètres ou 16 modules
5 mod. 4 part.
4 mod. 1/2
9 diamètres ou 18 modules
6 mod.
5 mod.
10 diamètres ou 20 modules
7 mod.
5 mod.
10 diamètres ou 20 modules
7 mod.
Plans des Colonnes et des Bases, avec les Piédesteaux.

Guiguet sculp.

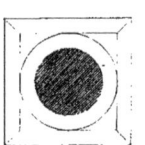

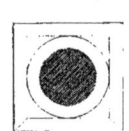

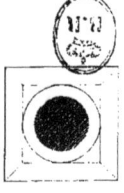

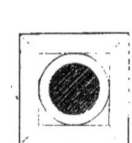

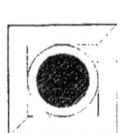

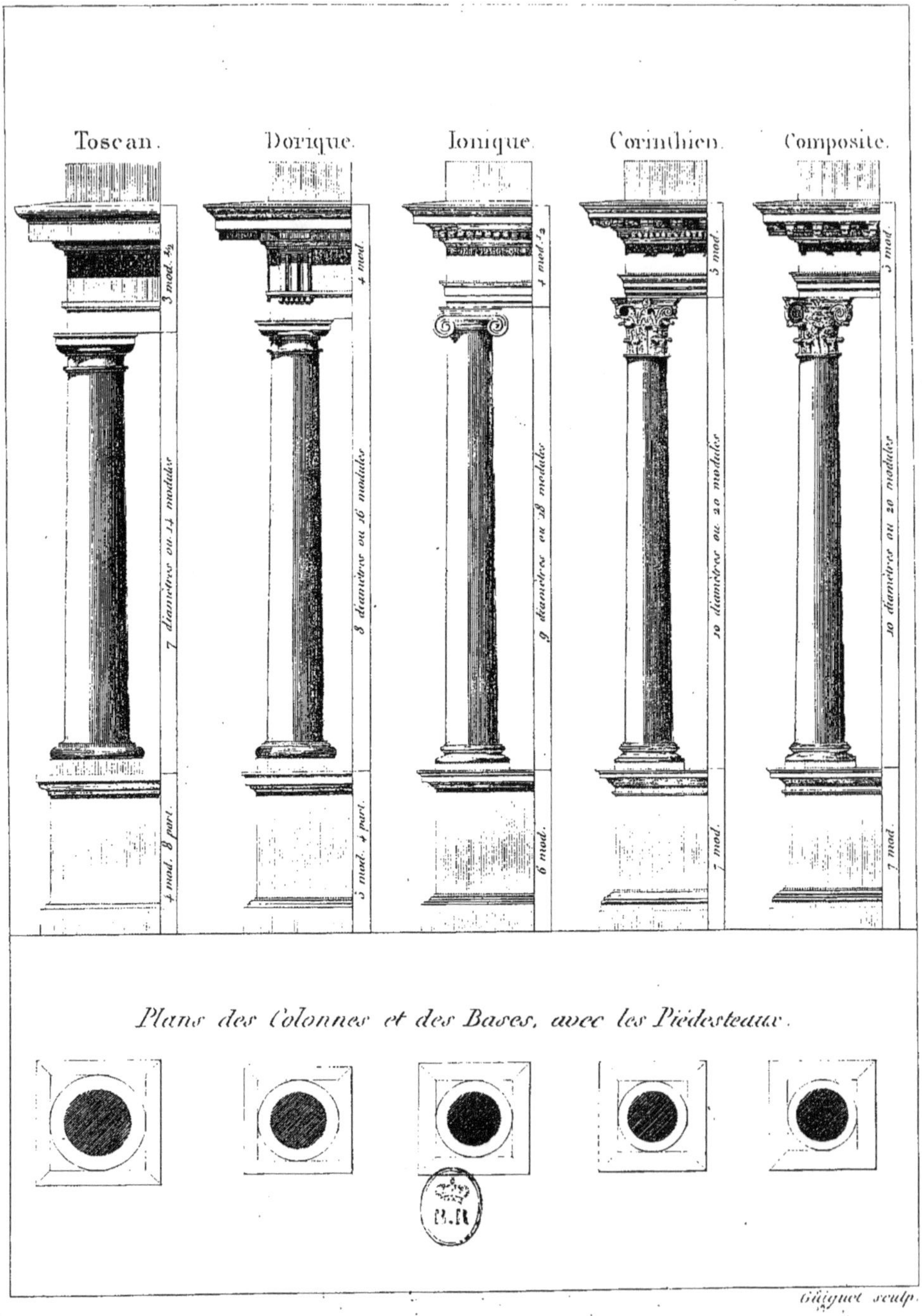

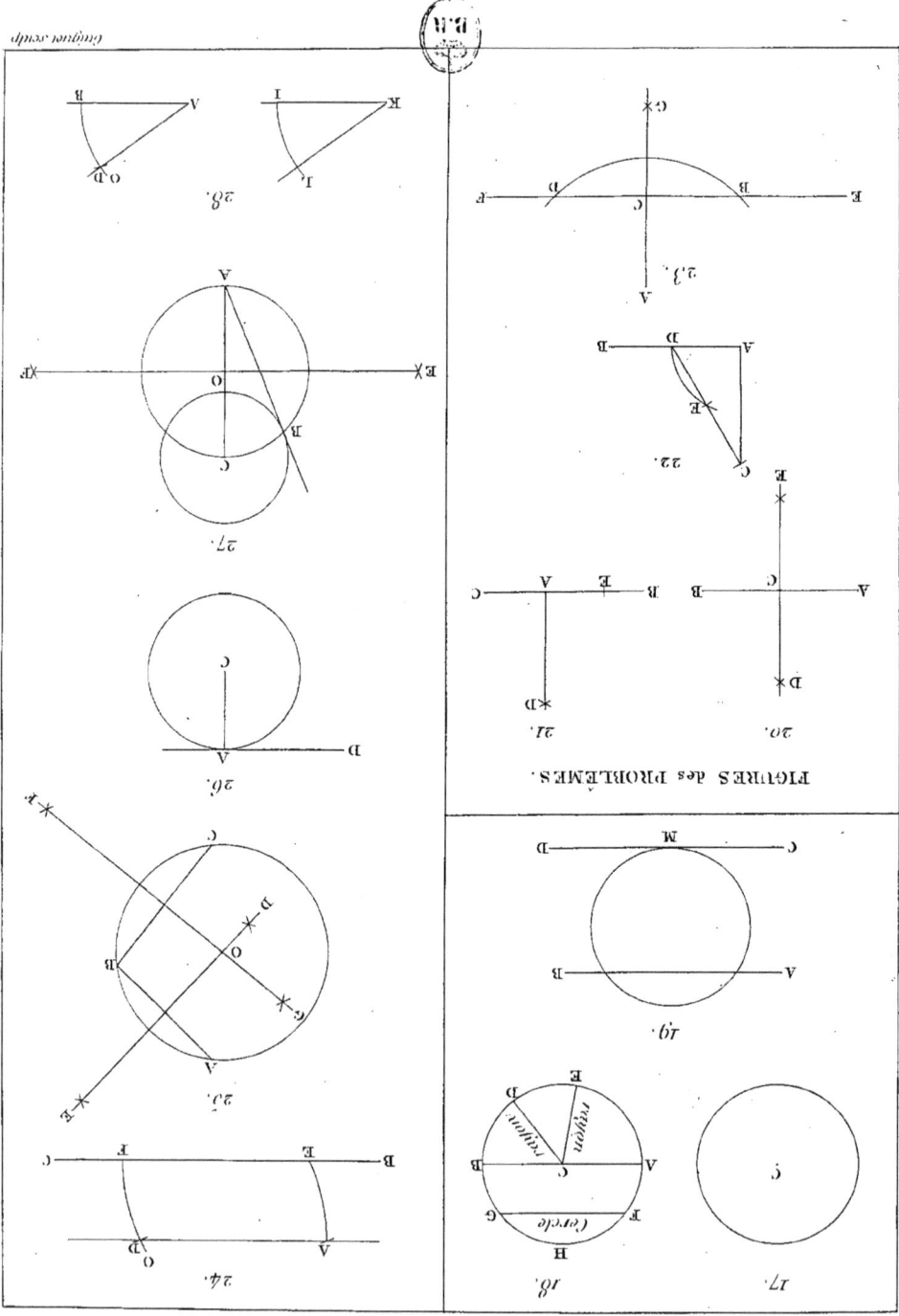

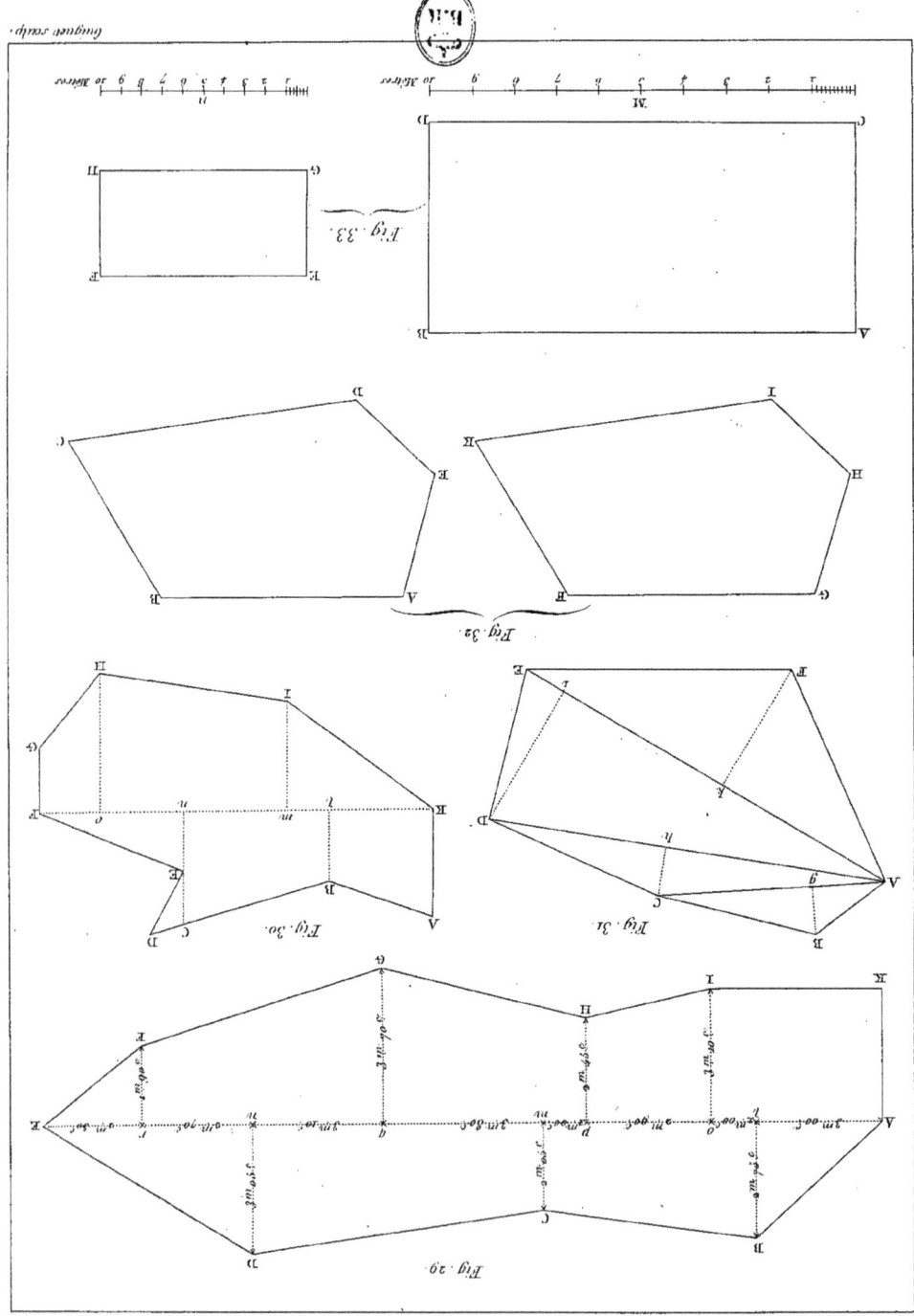

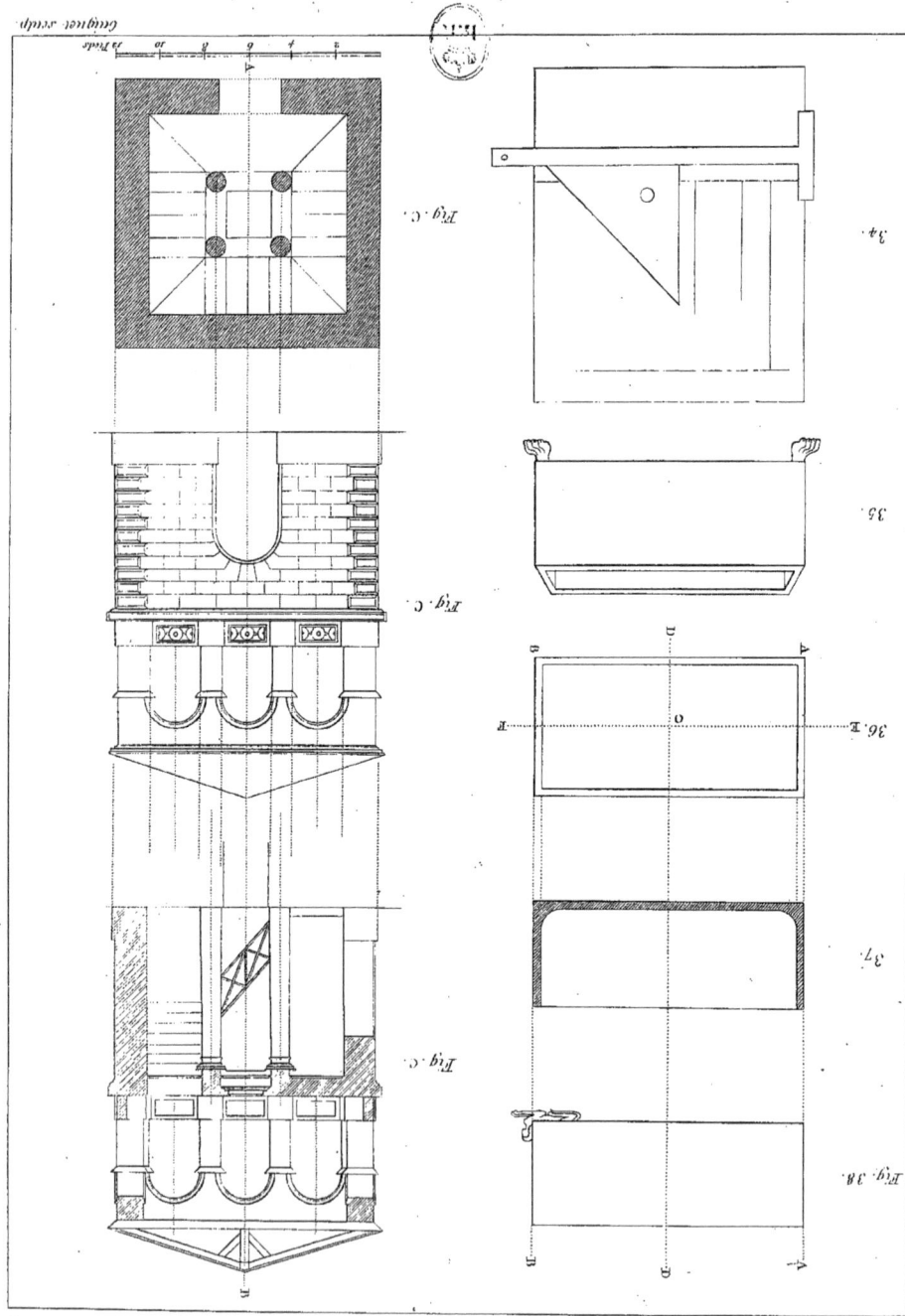

Pl. 5.

Guiguet sculp.

Comble voûté en Briques.
Plancher en Briques.
Plan renversé. Plan renversé.
Coupe. Coupe.
Voûte en Arc de Cloître. Voûte d'Arête.
Plan renversé. Plan renversé.
Coupe. Coupe.
Voûte en Cul de Four. Voûte en Berceau.

Coupe sur la longueur.
Coupe sur la largeur d'une Voûte en berceau.
Plan.
Elévation.

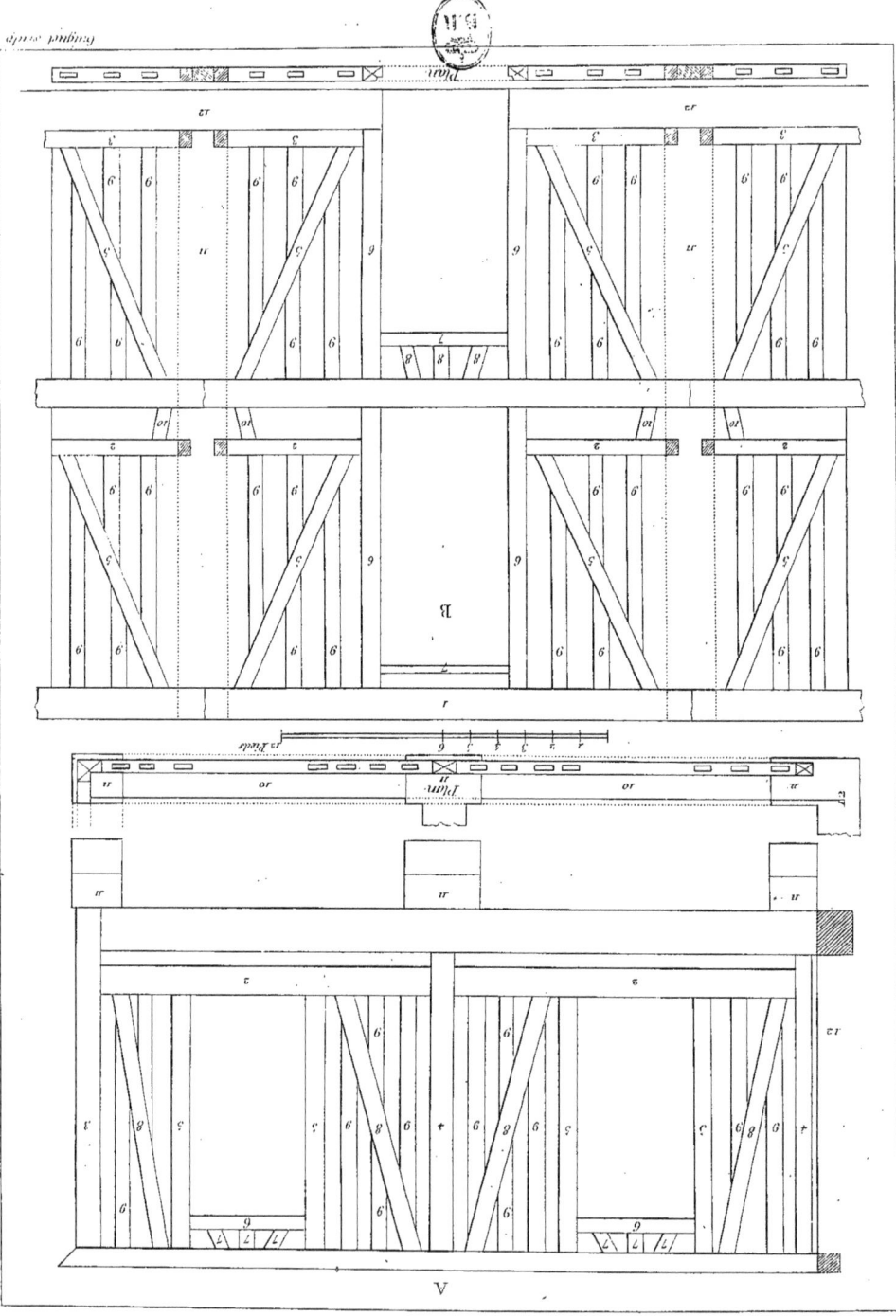

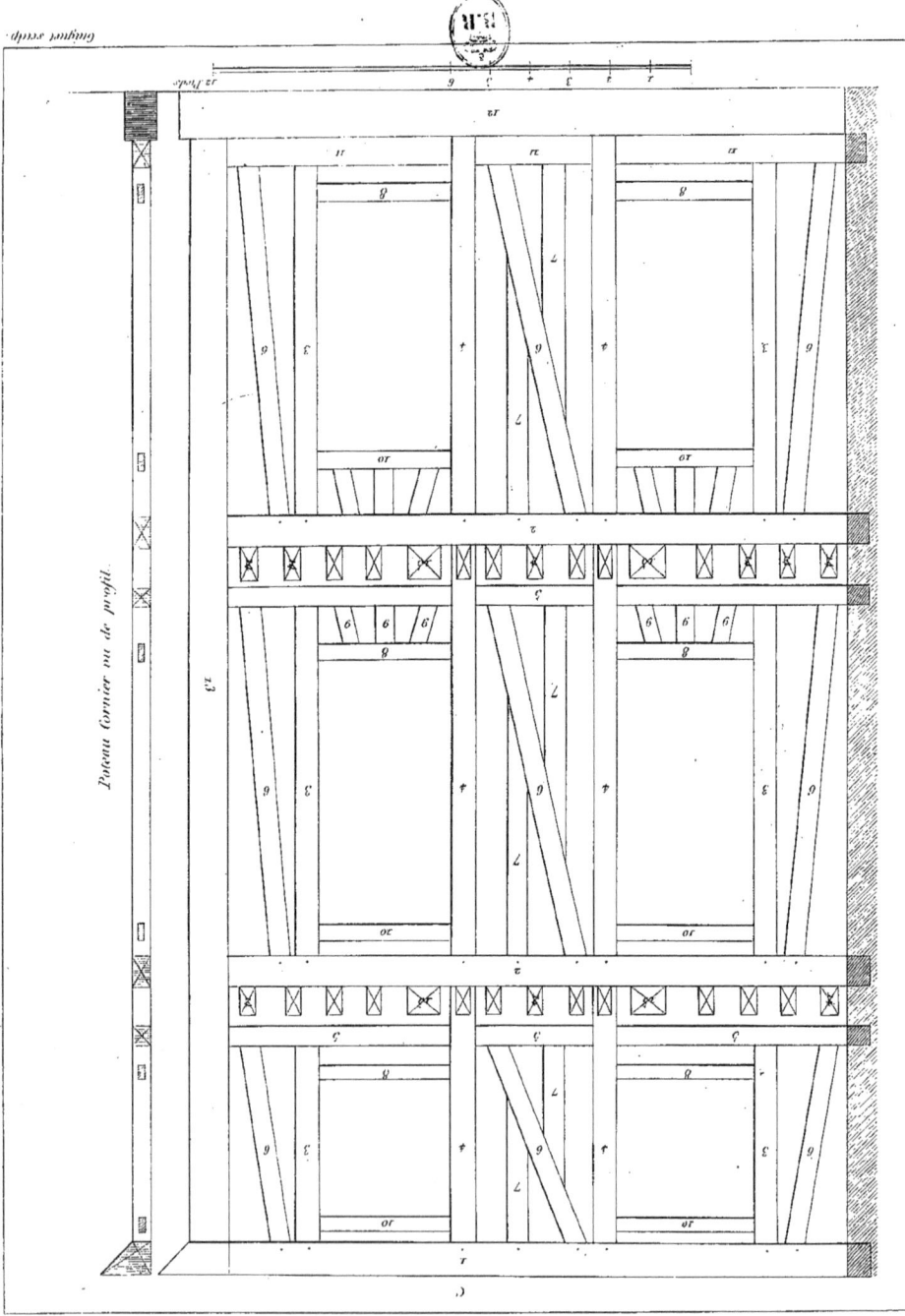

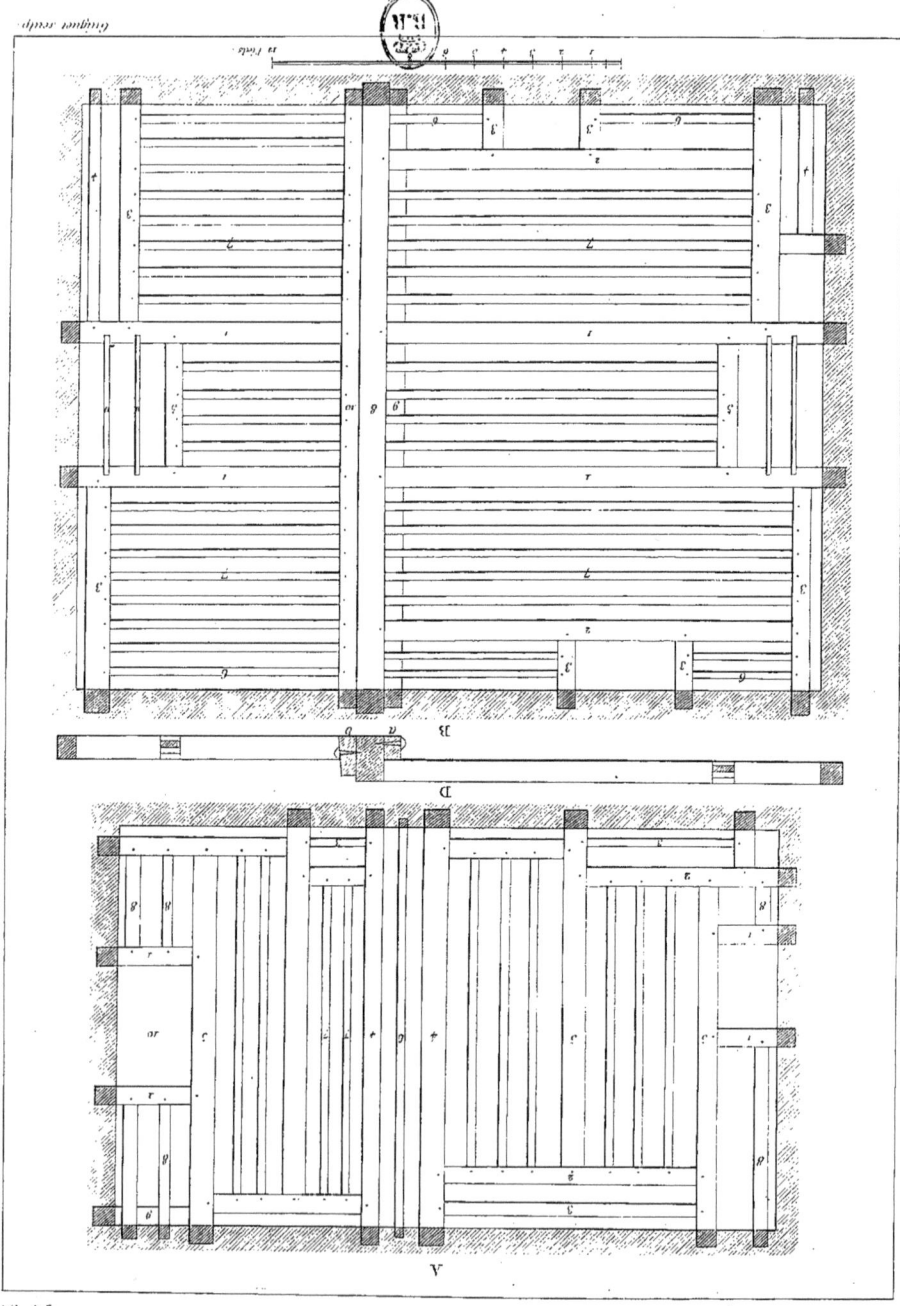

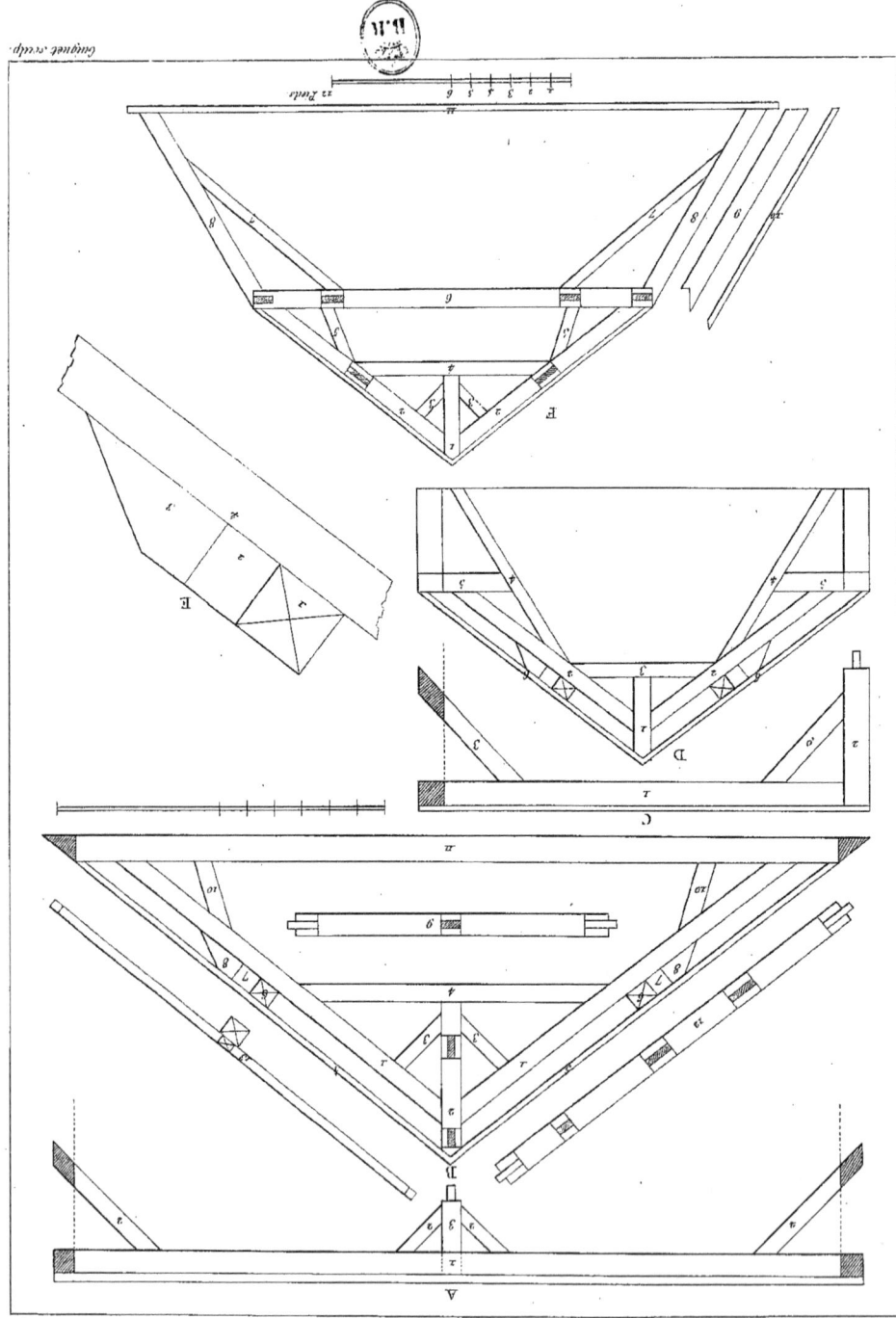

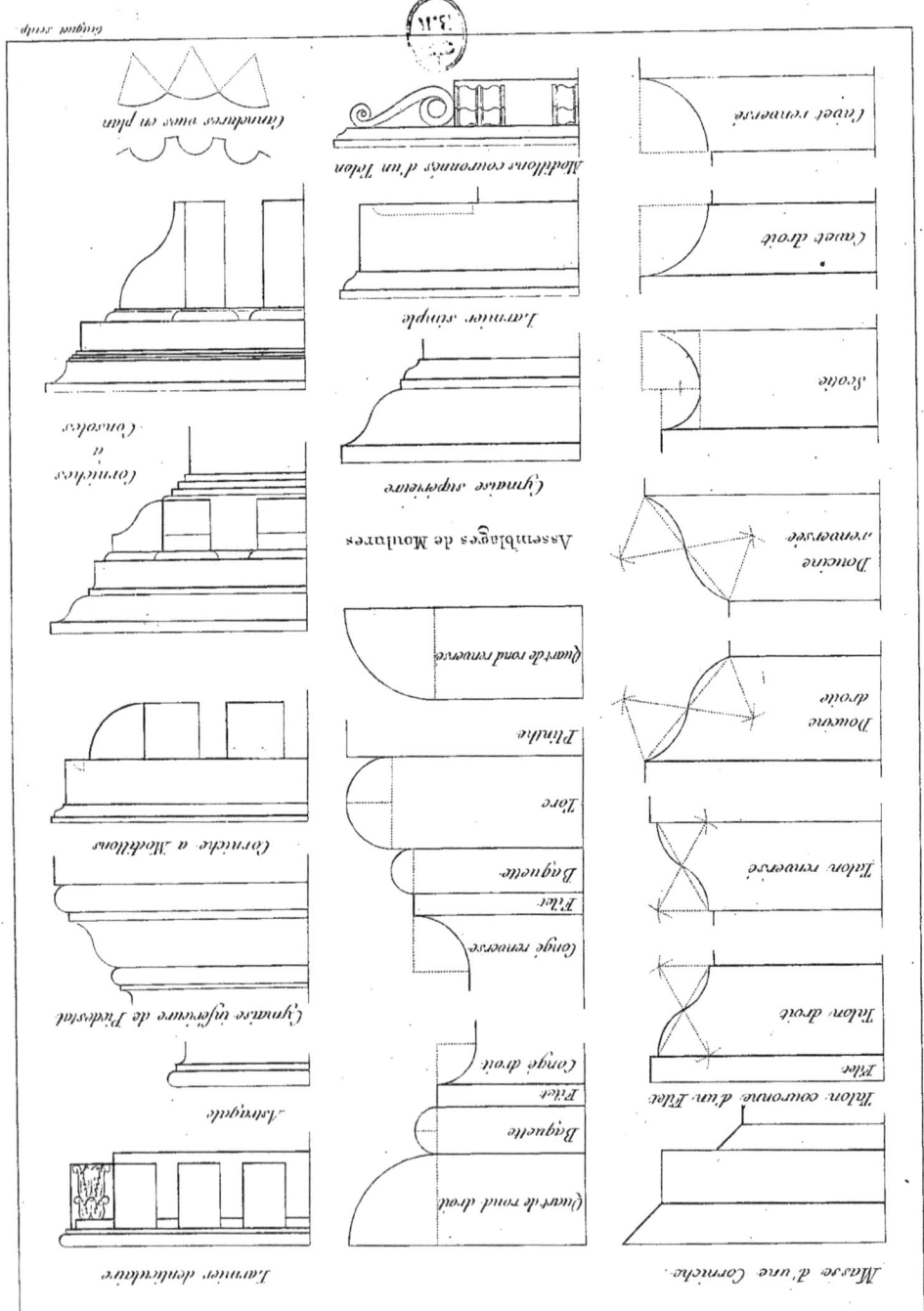

ORDRE TOSCAN

ORDRE TOSCAN.

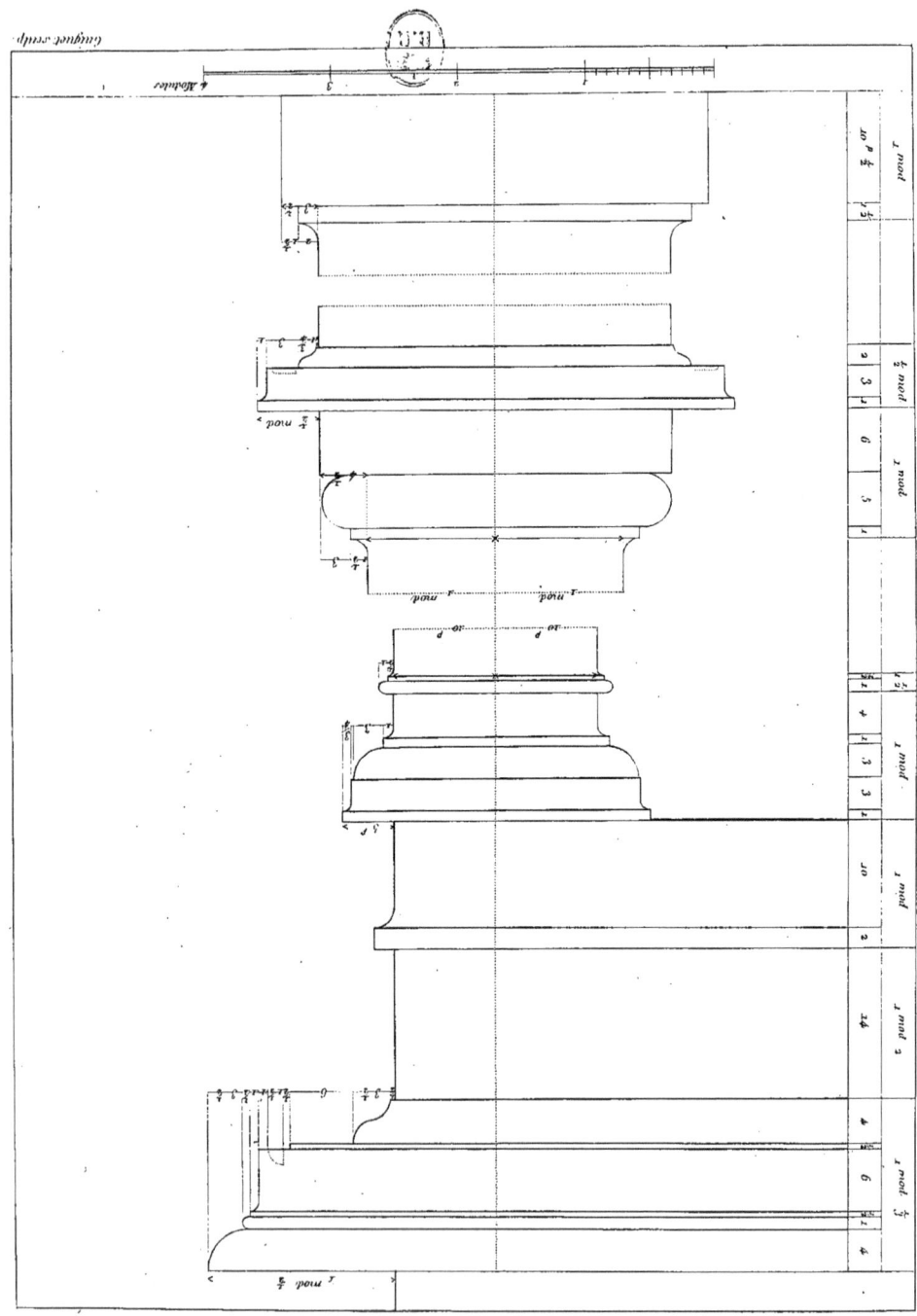

ORDRE TOSCAN

ORDRE DORIQUE.

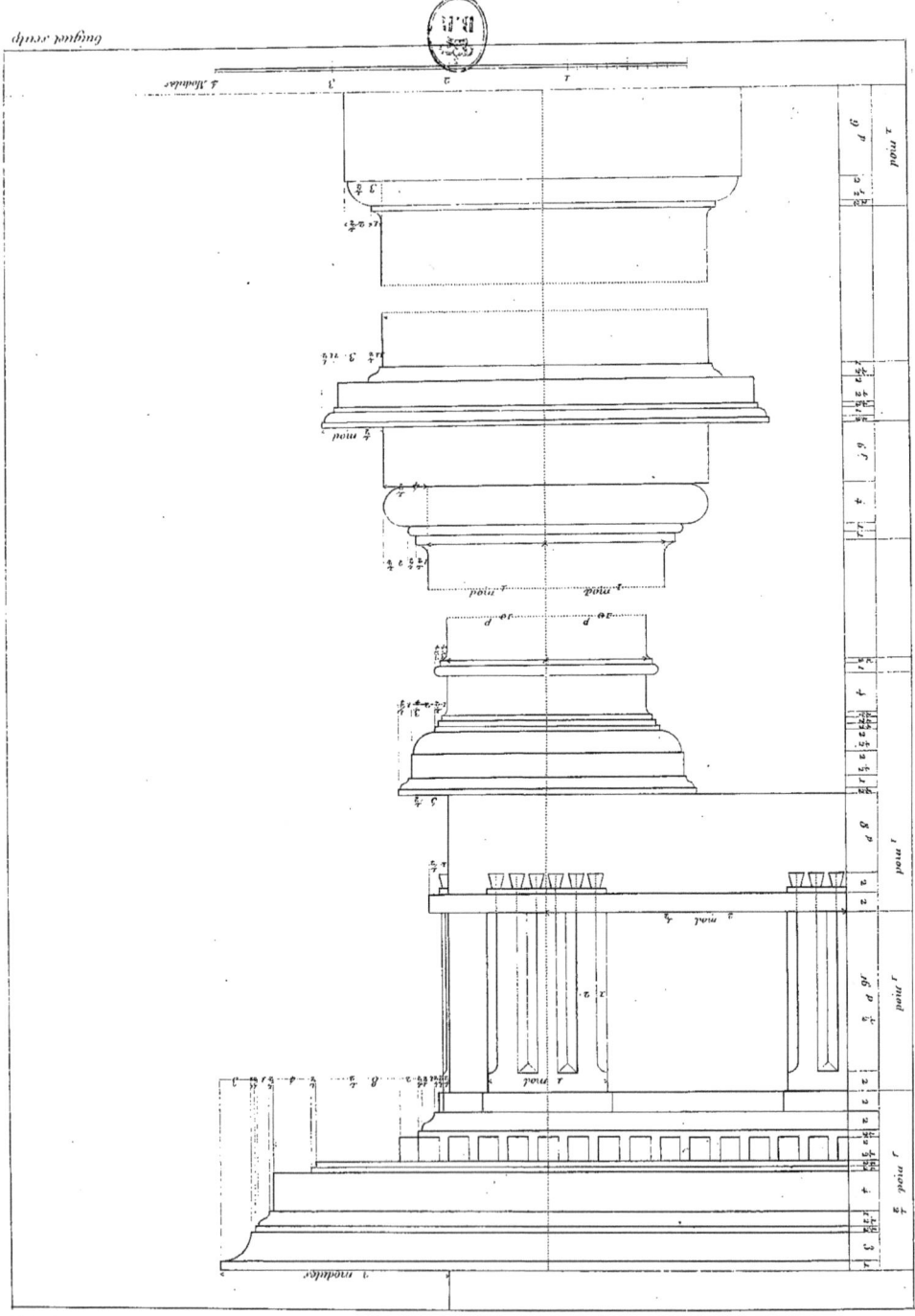

ORDRE DORIQUE

Pl. 16.

ORDRE IONIQUE.

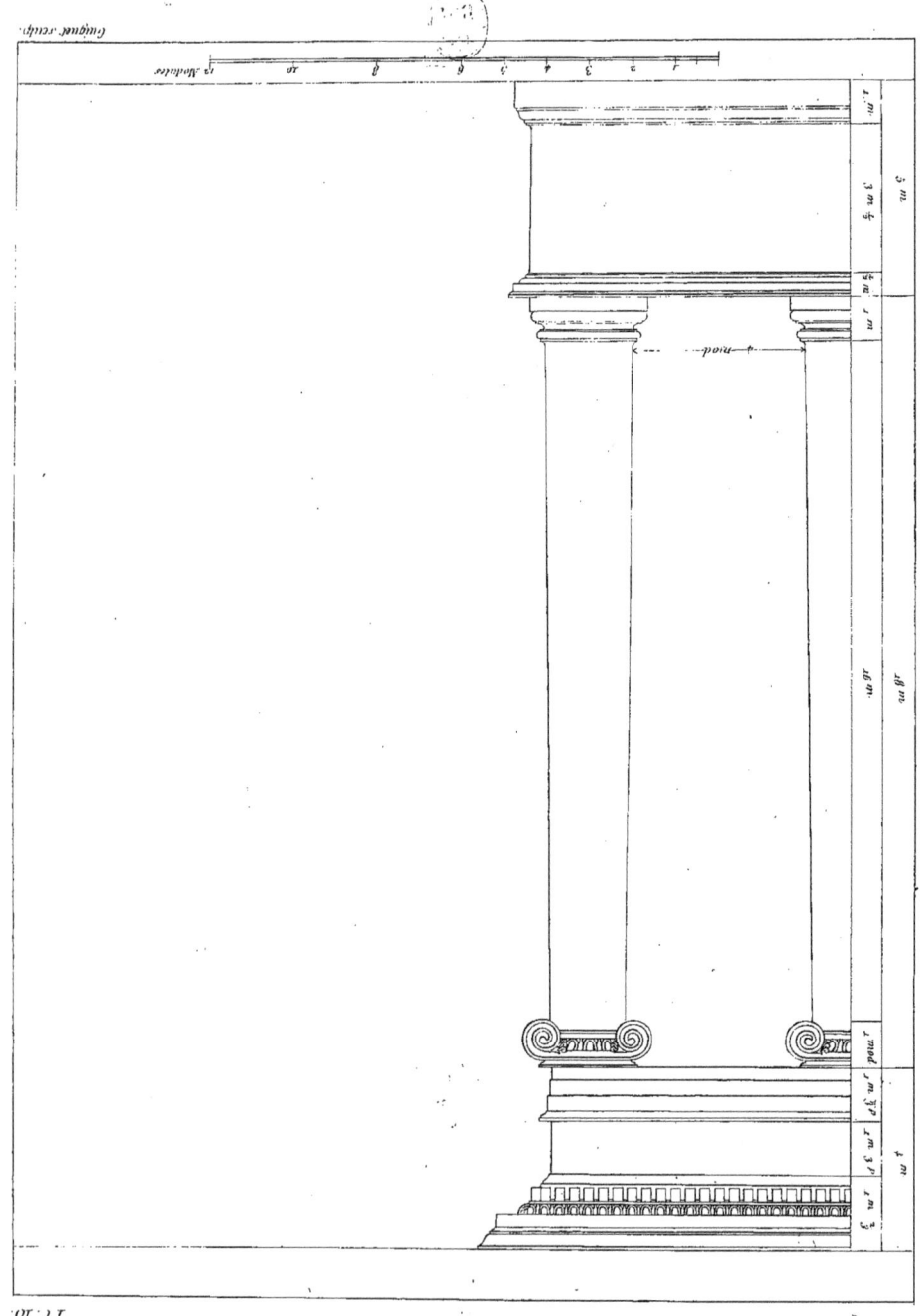

ORDRE IONIQUE.

Pl. 18.

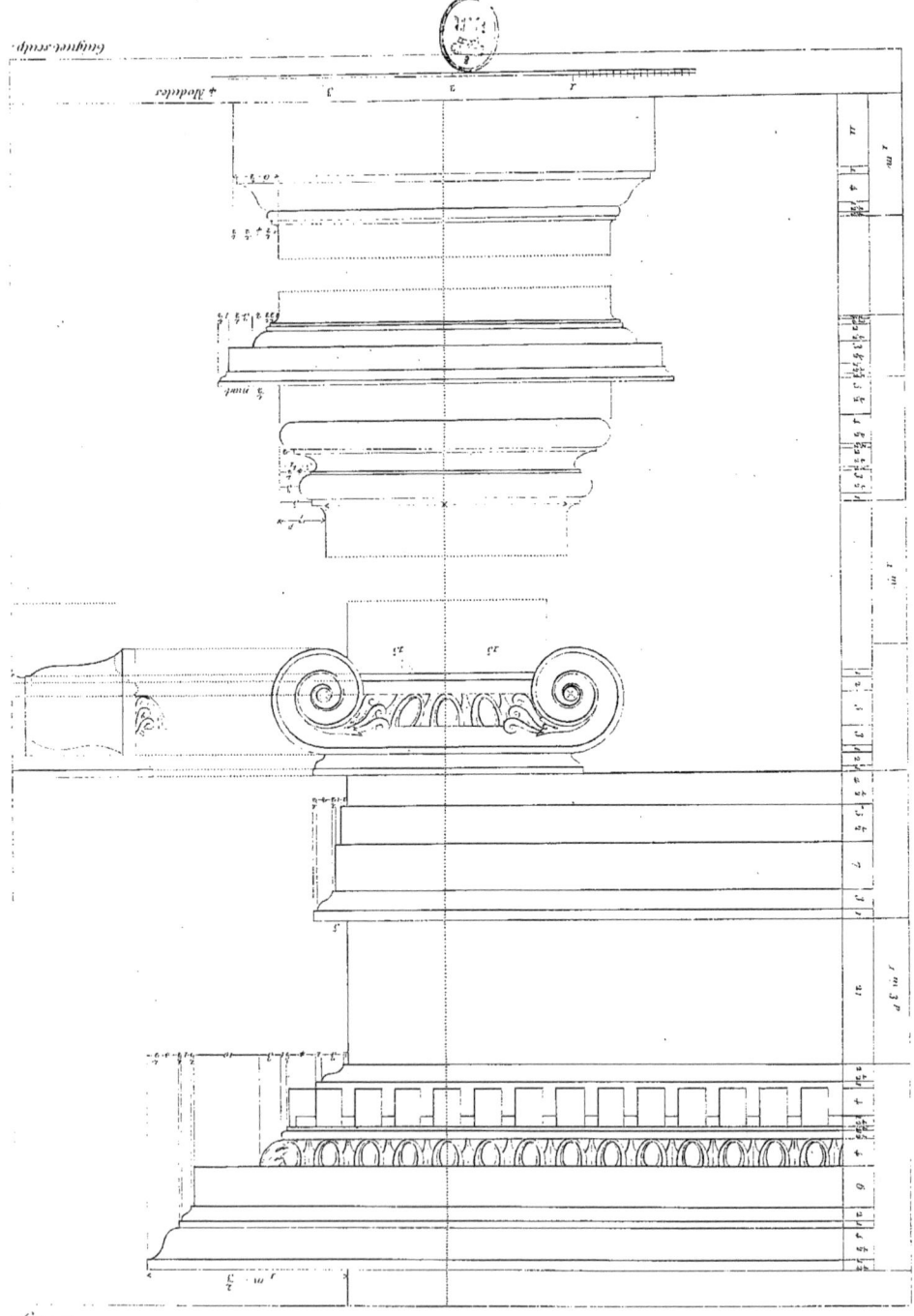

ORDRE IONIQUE

ORDRE CORINTHIEN.

Pl. 20.

ORDRE CORINTHIEN.

ORDRE CORINTHIEN

Pl. 22.

ORDRE COMPOSITE.

ORDRE COMPOSITE.

ORDRE COMPOSITE

ORDRE DORIQUE GREC

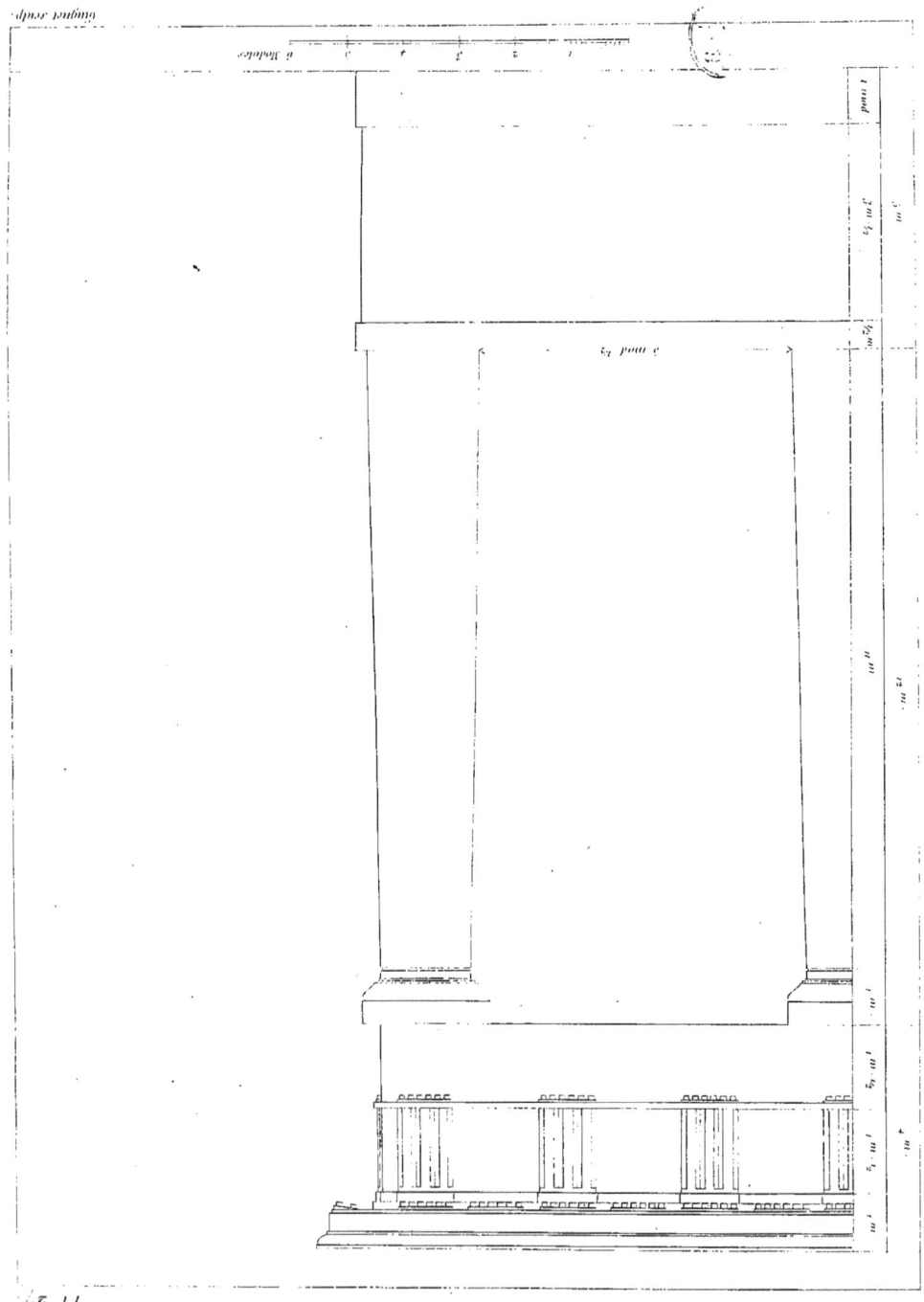

ORDRE DORIQUE GREC.

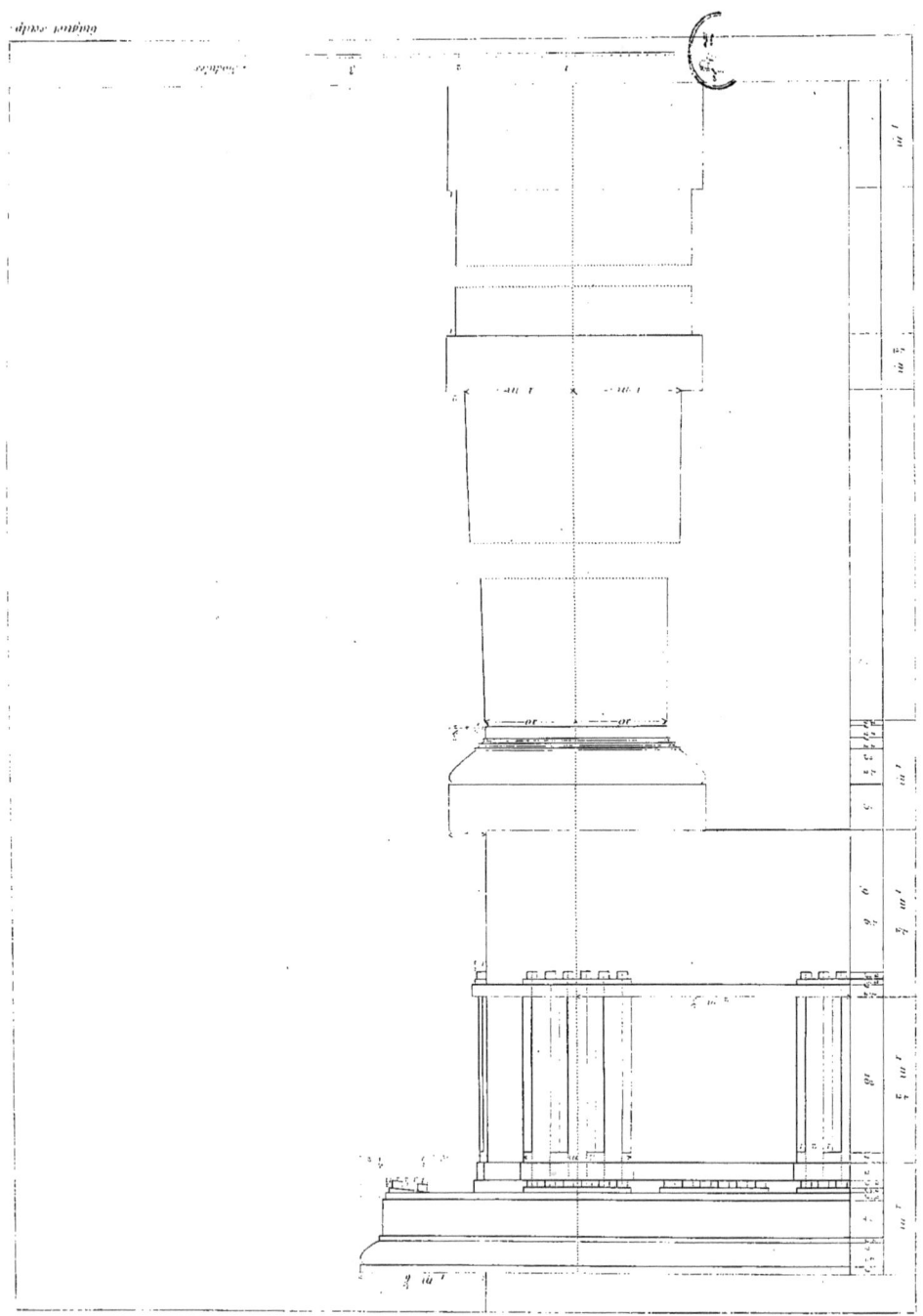

ORDRE DORIQUE GREC.

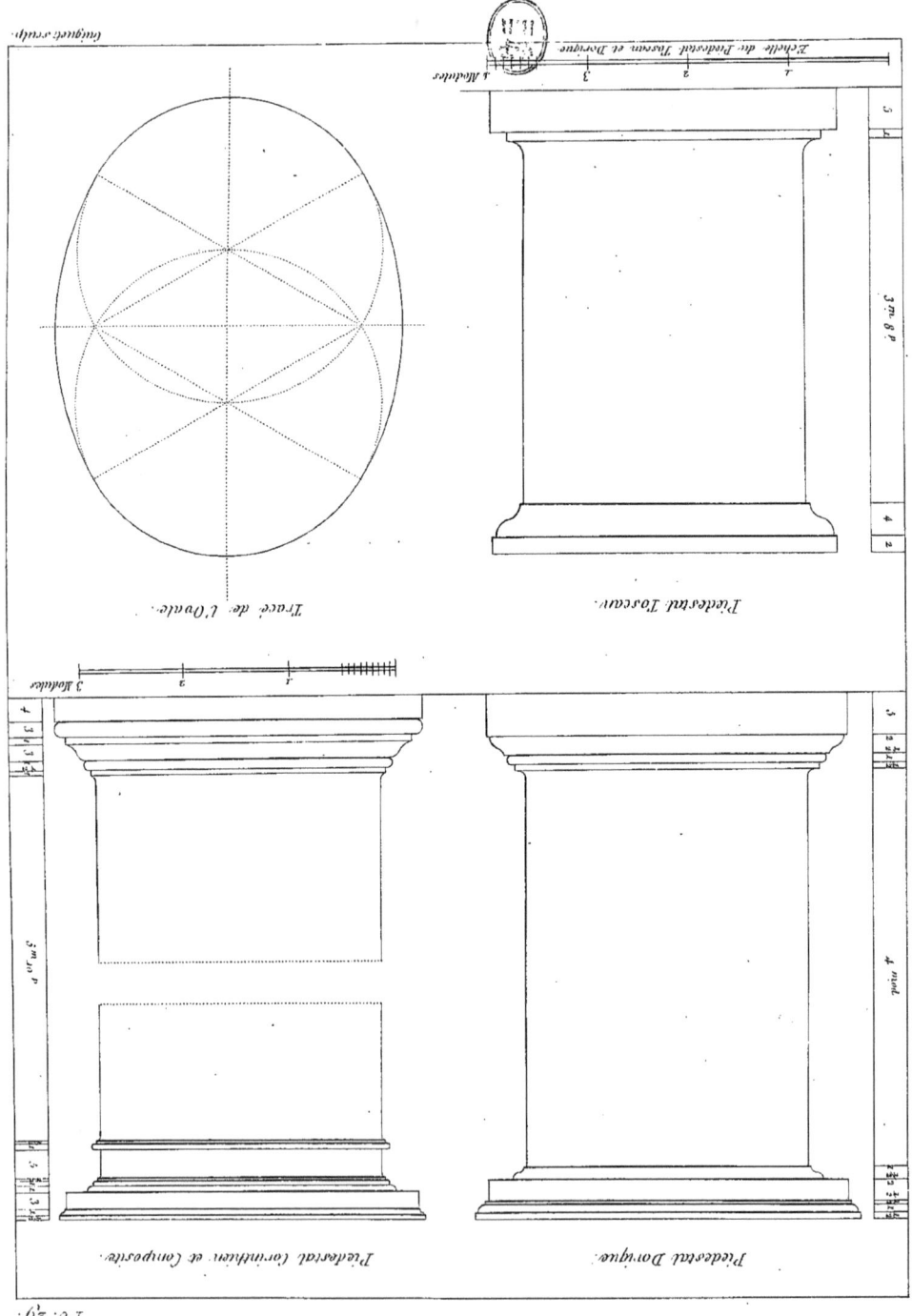

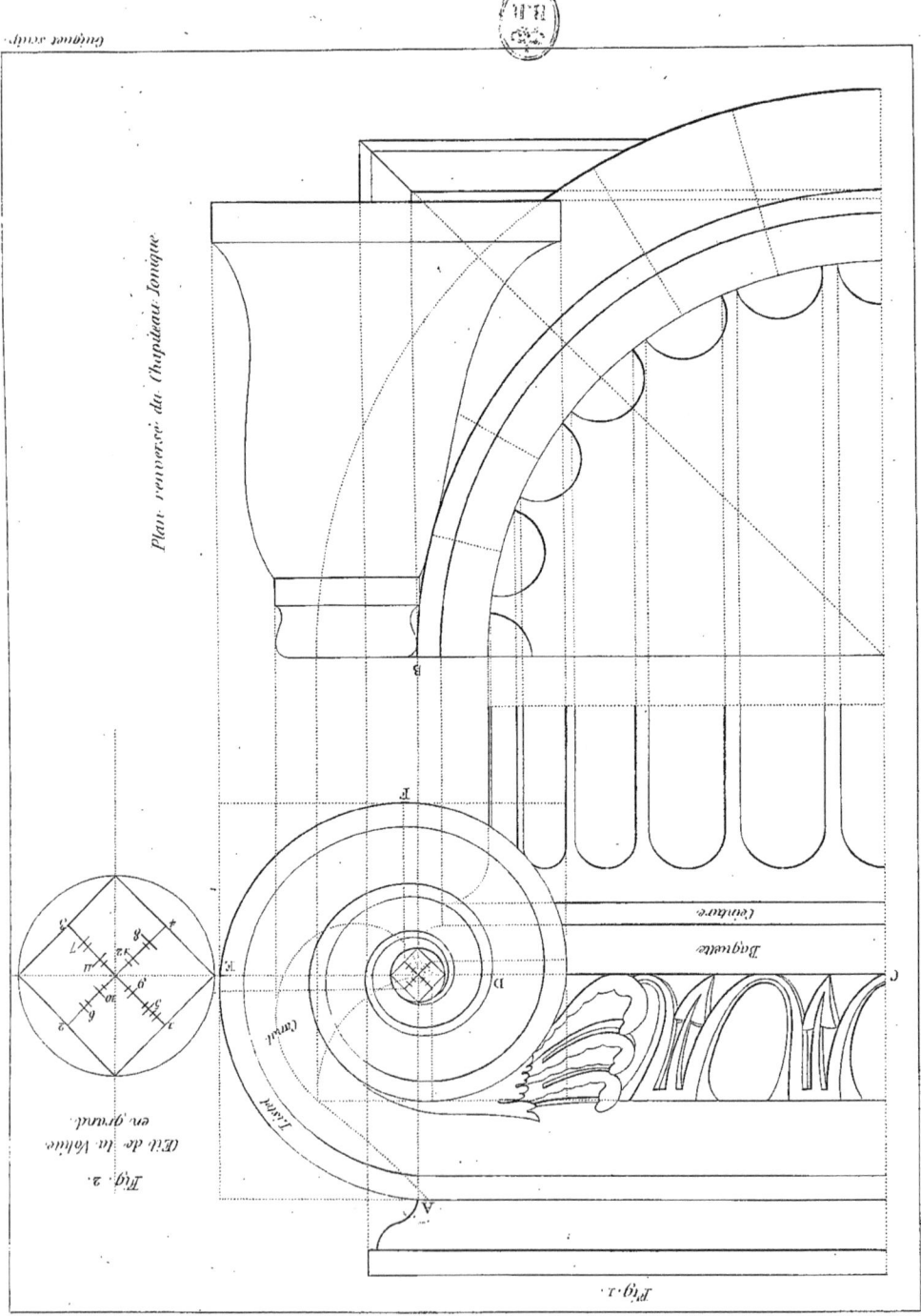

A. Fleuron de l'Abaque.
B. C. D. Moulures de l'Abaque.
F. Tambour recevant les feuilles.
N. Astragale.

Quart du Plan du Chapiteau Corinthien.

PLAFOND DE LA CORNICHE DE L'ORDRE TOSCAN.

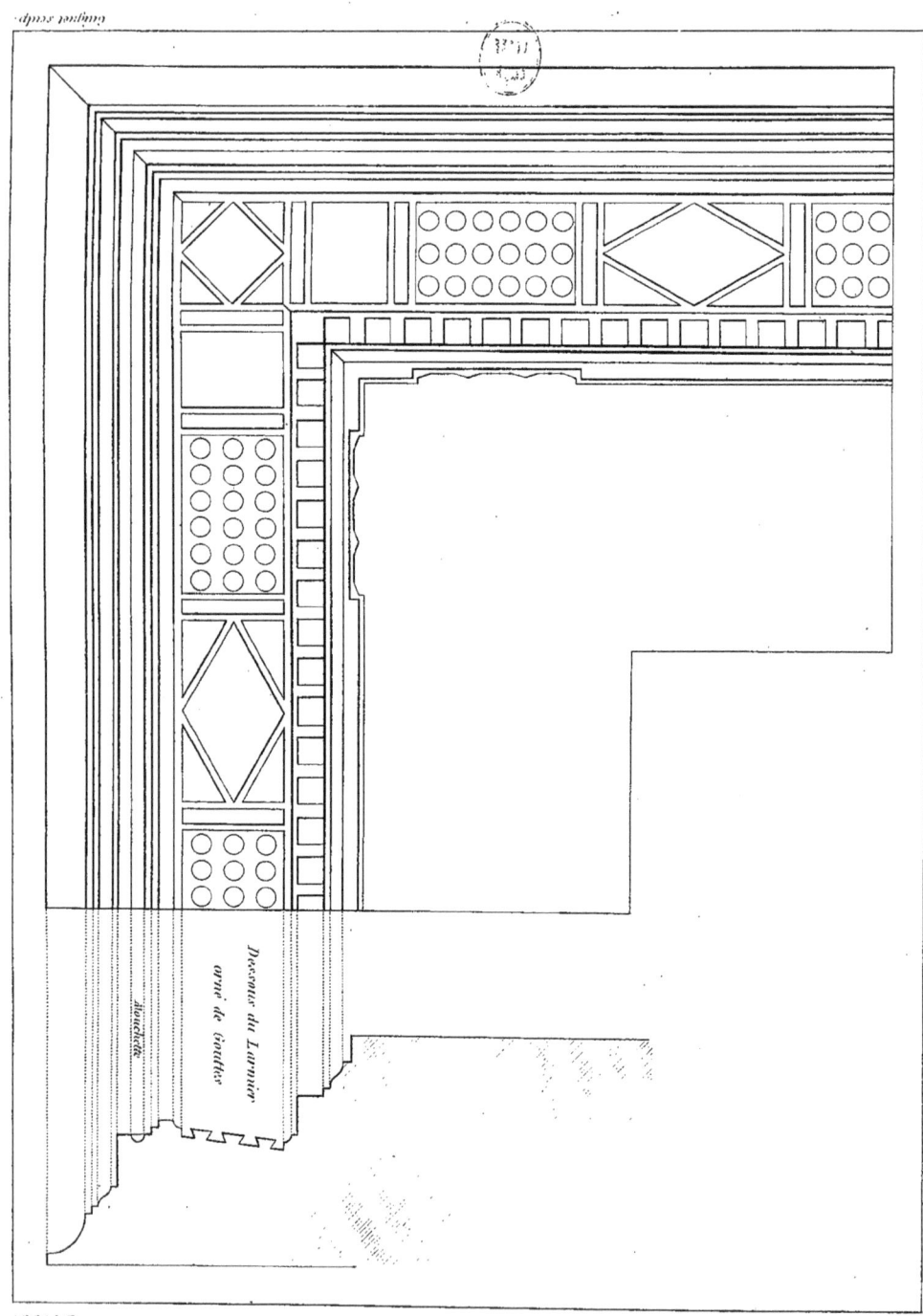

PLAFOND DE LA CORNICHE DE L'ORDRE DORIQUE.

Pl. 33.

TRACÉ DU PLAFOND DE LA CORNICHE CORINTHIENNE

Pl. 34.

TRACÉ DU PLAFOND DE LA CORNICHE COMPOSITE.

COUPE D'UN ENTABLEMENT DORIQUE.

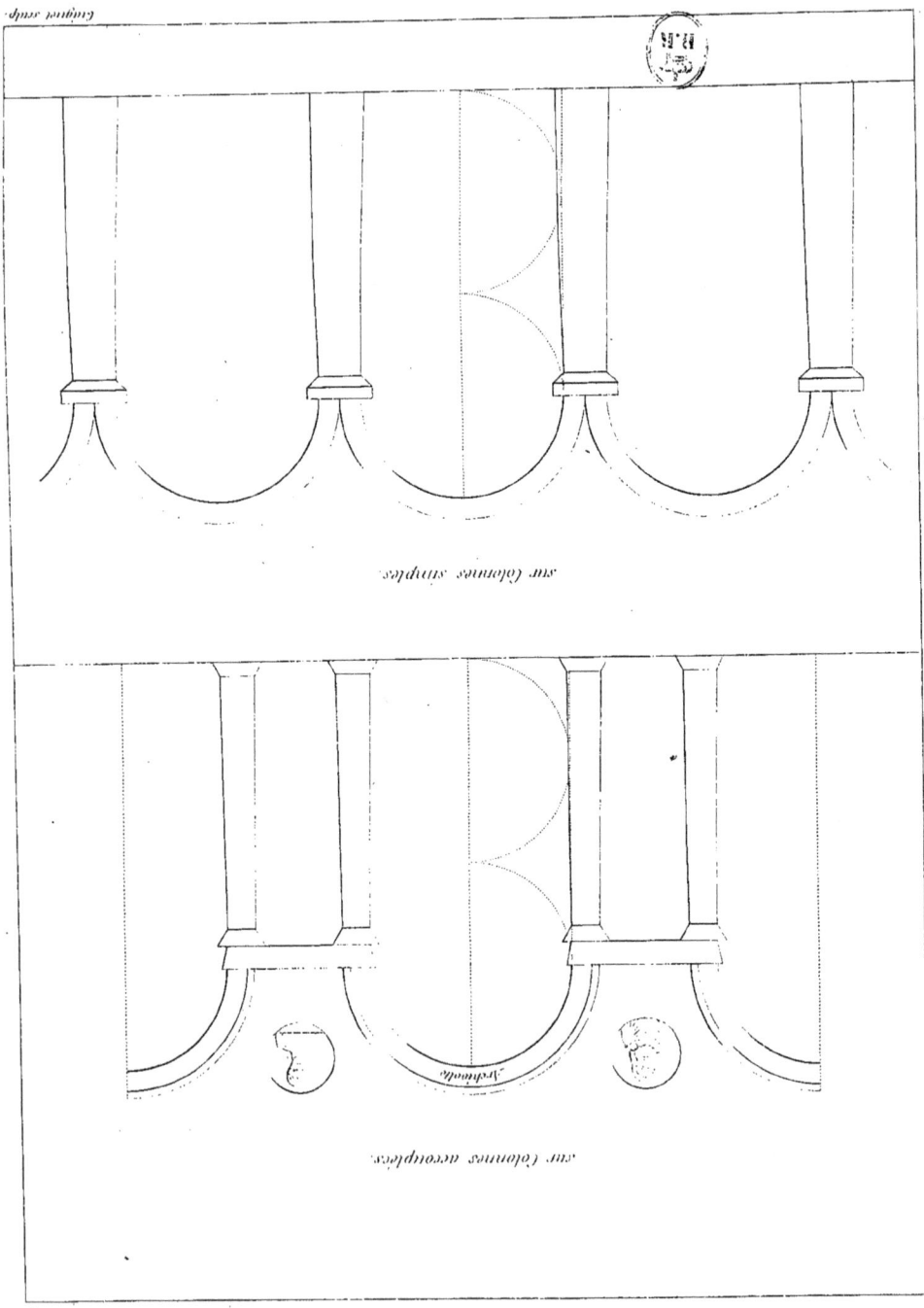

ARCADES. Pl. 37.

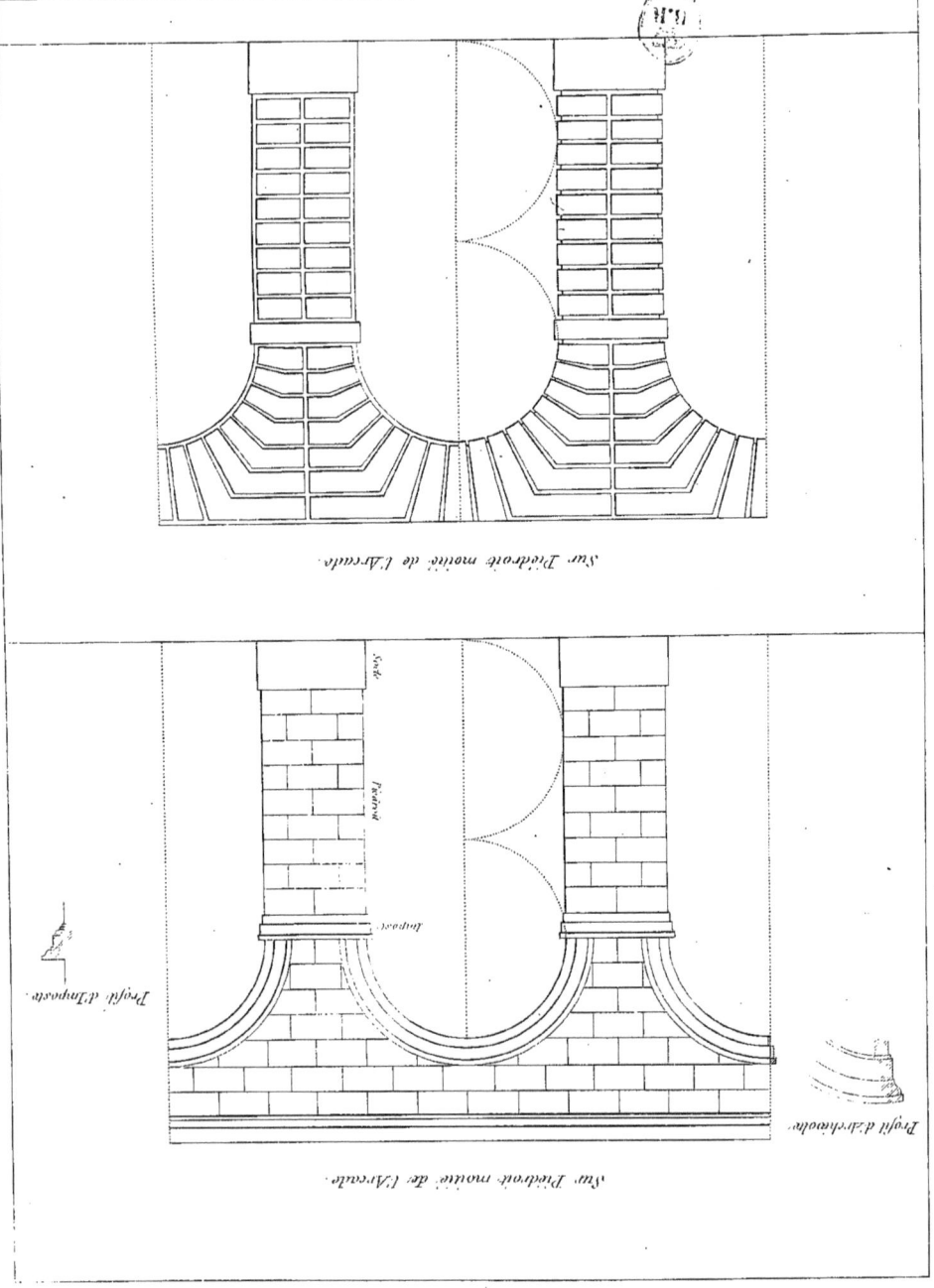

ARCADES. Pl. 39.

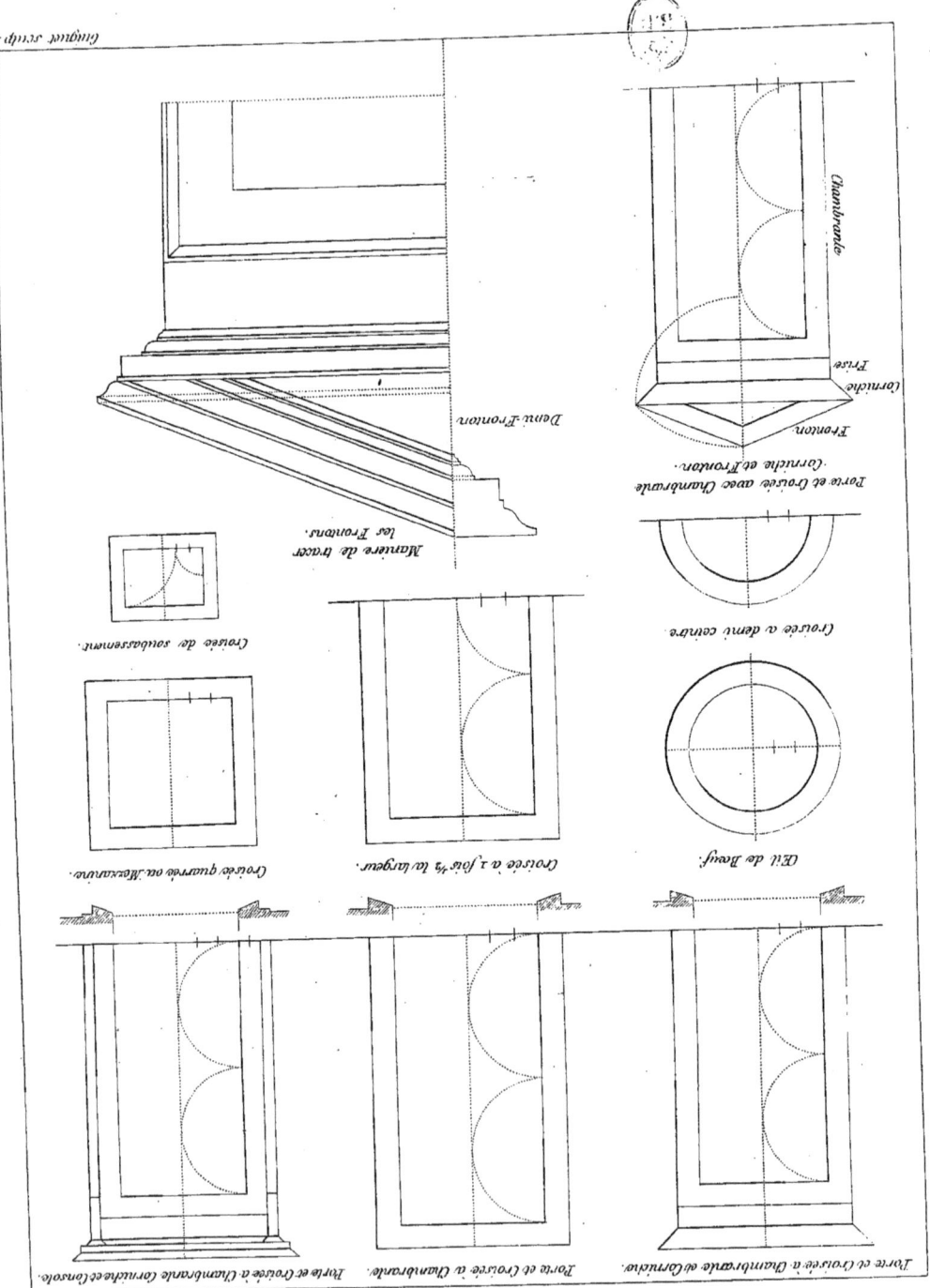

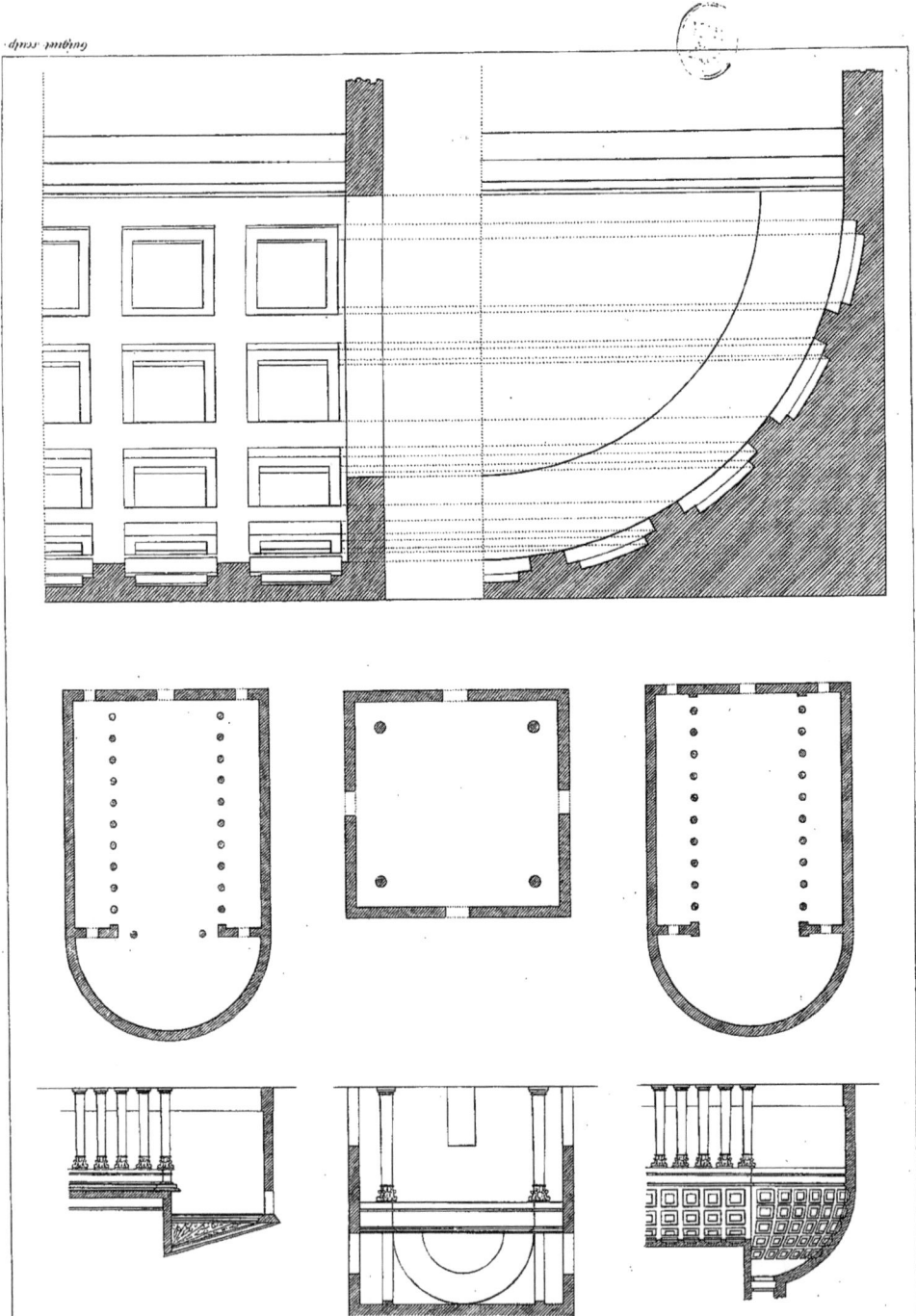

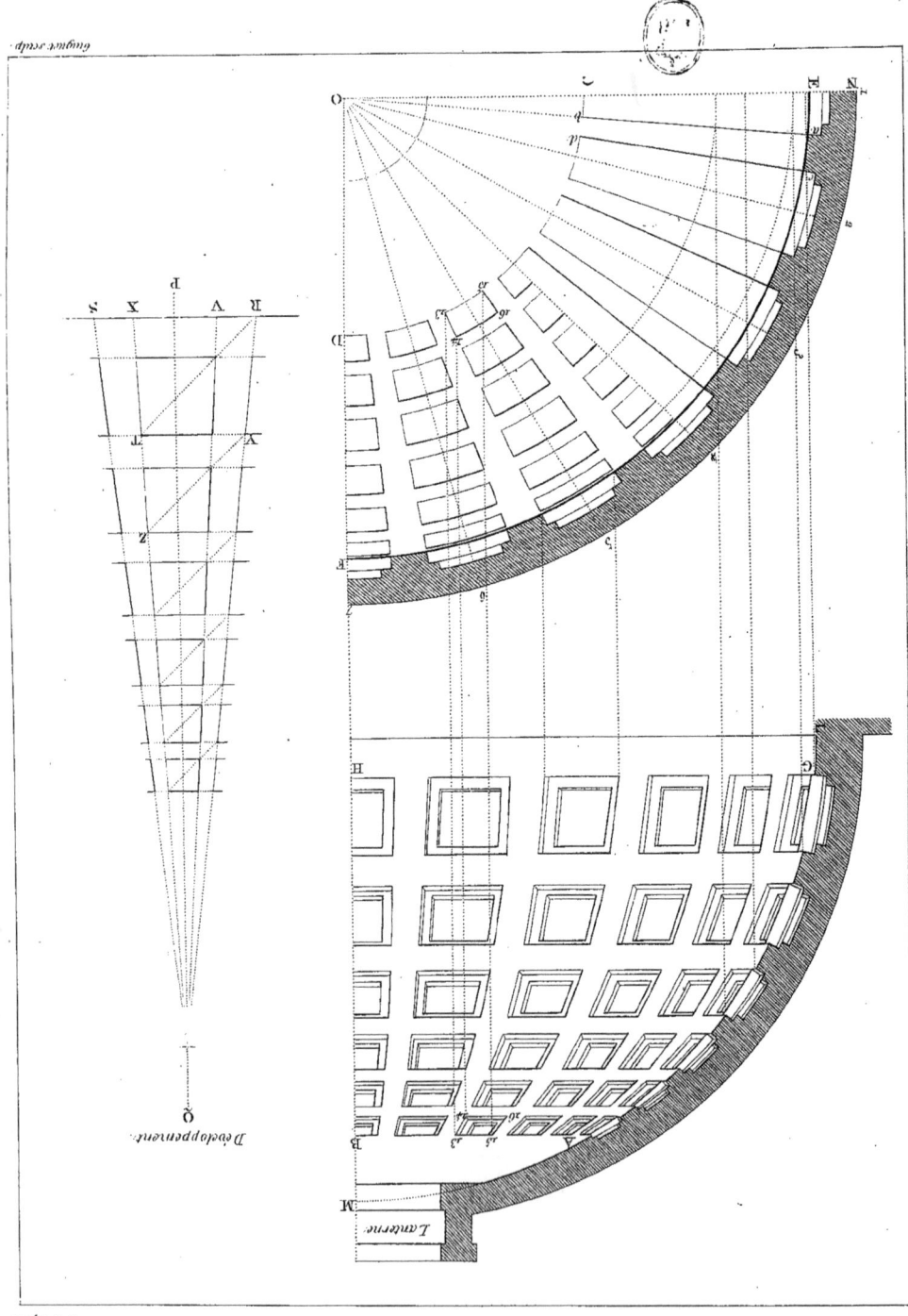

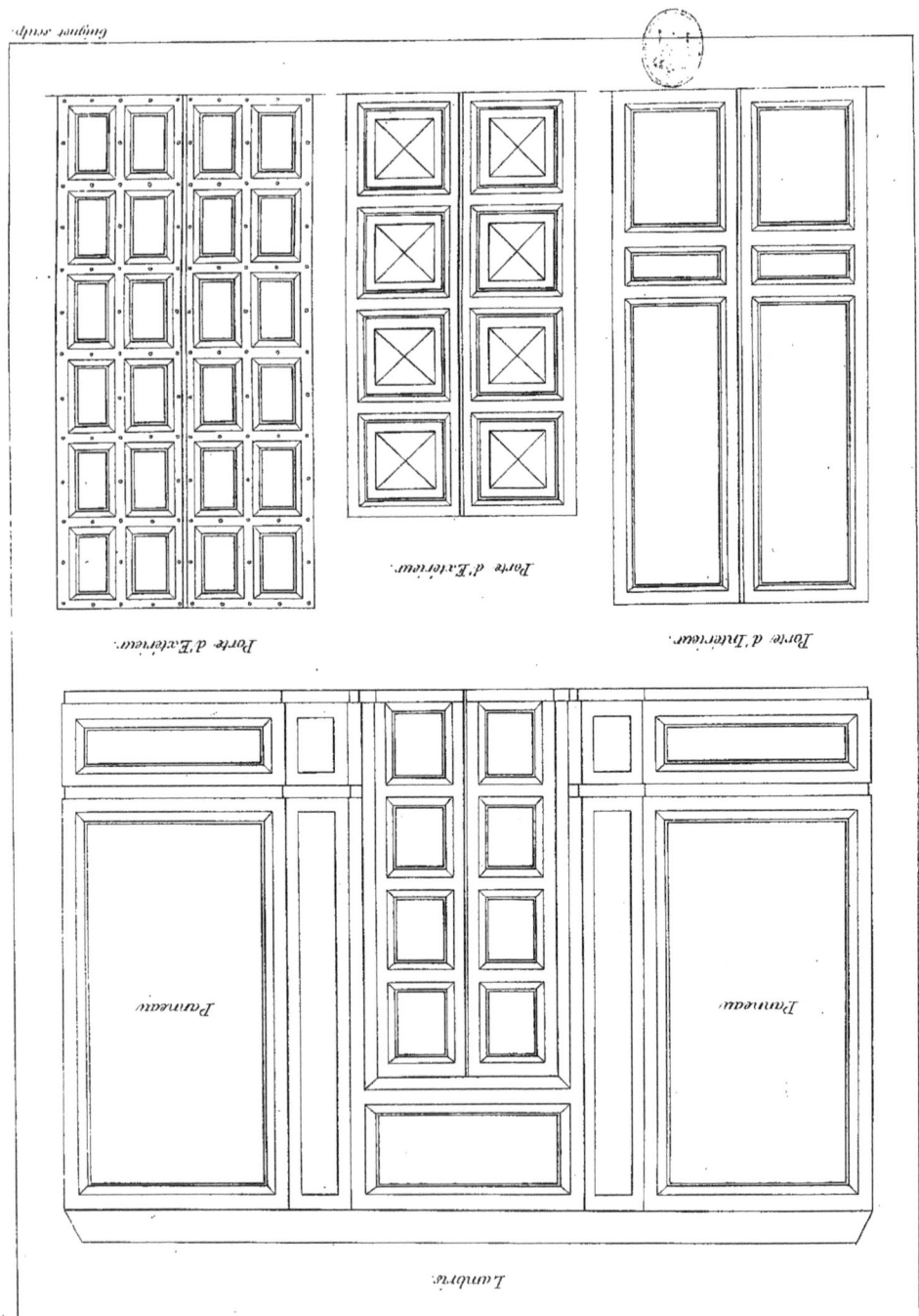

COMPARTIMENTS DE PAVÉS EN PIERRE ET MARBRE.

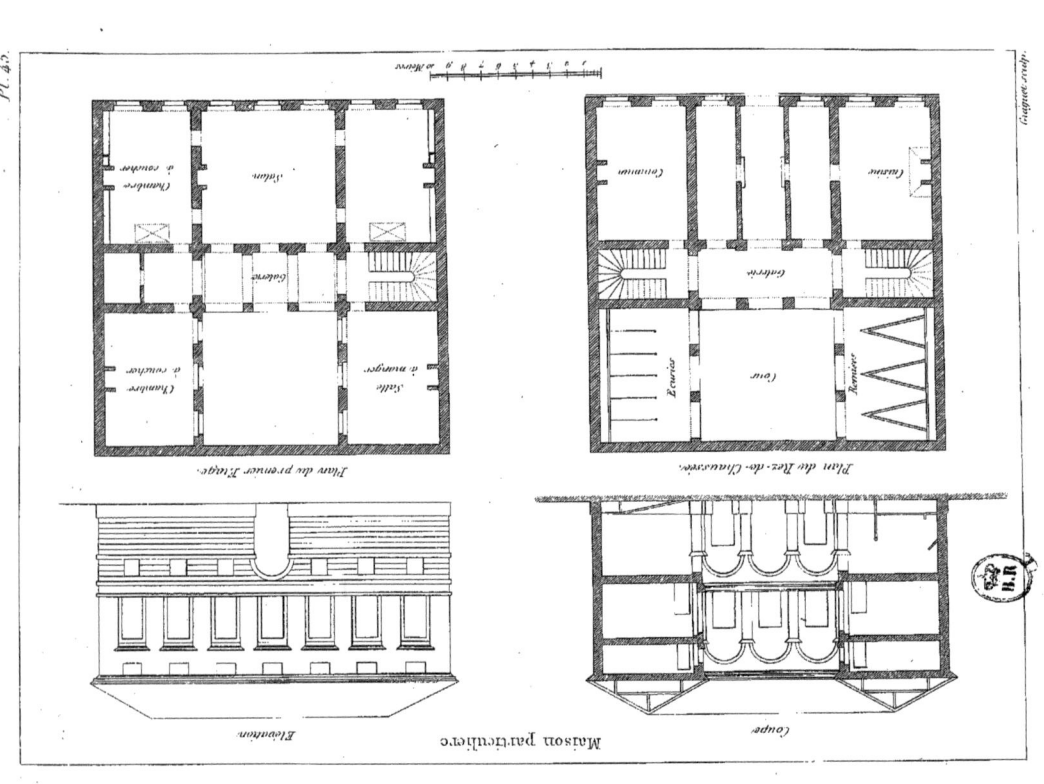

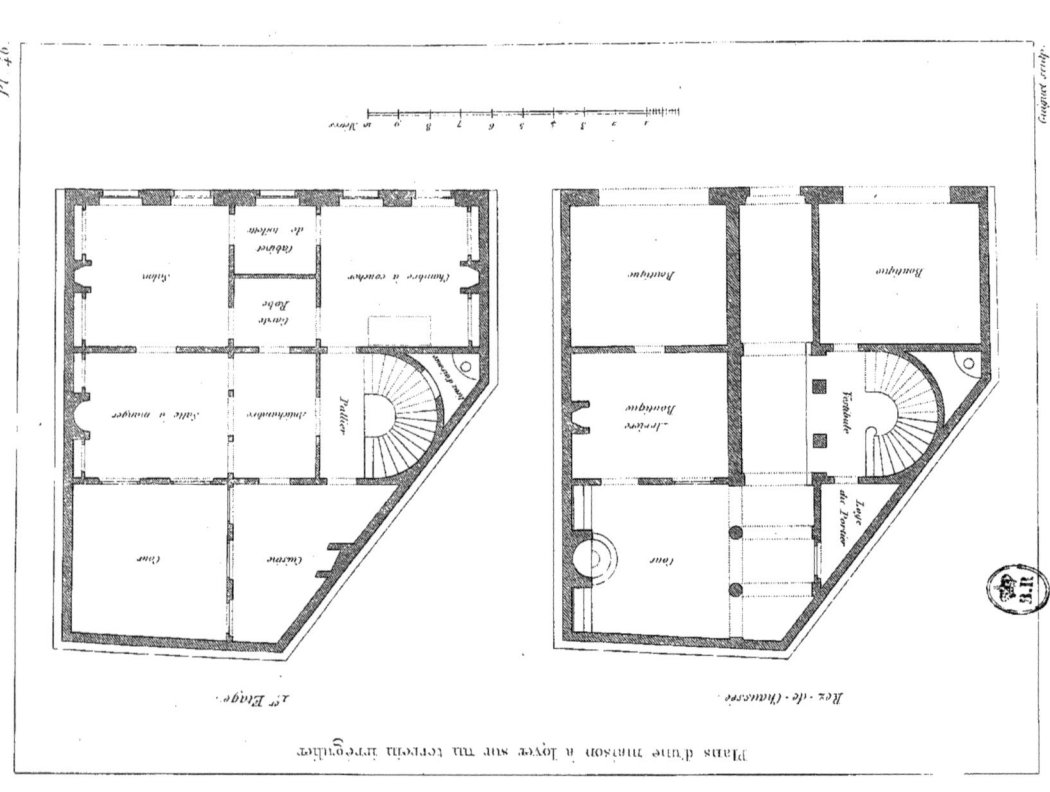

Plans d'une maison à loyer sur un terrain irrégulier.

CHAPITEAU ET BASE COMPOSITE.

www.ingramcontent.com/pod-product-compliance
Lightning Source LLC
Chambersburg PA
CBHW060201100426
42744CB00007B/1125